LE CHEMIN

LE PLUS COURT,

PAR

Alphonse Karr,

Auteur de Une Heure trop tard ; Sous les Tilleuls.

PREMIER VOLUME.

PARIS.

CHARLES GOSSELIN, | WERDET, ÉDITEUR,
9, rue St-Germain-des-Prés. | 49, rue de Seine-St-Germain.

1836.

LE CHEMIN

LE PLUS COURT.

IMPRIMERIE DE CRÉTÉ, A CORBEIL.

Porte d'Étretat.

LE CHEMIN

LE PLUS COURT

PAR

Alphonse Karr.

> Des *sens* attribués à l'homme, le plus précieux et surtout le plus *rare*, c'est le *sens commun.*

I.

A PARIS

CHEZ LES ÉDITEURS :

CH. GOSSELIN,	ED. WERDET,
18, rue Saint-Germain-des-Prés.	49, rue de Seine-Saint-Germain.

1836.

𝔄 ℭ*** 𝔖***.

TABLE DES CHAPITRES

CONTENUS DANS LE PREMIER VOLUME.

I. Pourquoi l'étudiant Hugues quitta la ville de Paris..... 1

II. Où l'on voit comment l'étudiant Hugues marcha sur le pied d'un homme blond, et ce qui en advint........ 37

III. Contre l'Amitié. 145

IV. Que le plus grand tort d'un discours serait de ne pas finir, s'il n'avait le tort plus grand d'avoir commencé... 188

V. Dans l'atelier................................. 239

VI. Contre la liberté. 267

VII. L'oncle d'Amérique......................... 285

I.

Pourquoi l'Étudiant Hugues quitta la ville de Paris.

UGUES était fils d'un cultivateur médiocrement riche des environs du Hâvre. Quelques dispositions pour l'étude, qu'il avait montrées de bonne heure, avaient engagé son père à le mettre au collége à Rouen; plus tard il l'avait envoyé à Paris pour y étudier le droit.

Les idées qui, en nombre à peu près égal à celles de la plupart des autres hommes, meublaient la tête de l'étudiant étaient produites, d'abord par les romans de toutes sortes dont il avait rempli sa mémoire; puis par la fréquentation d'autres étudians qui lui avaient inculqué quelques parcelles de la philosophie incrédule du 18e siècle.

Il est facile de comprendre que de deux élémens ainsi opposés il devait naître une foule d'inconséquences et d'idées contradictoires; et que Hugues, tout en affichant l'incrédulité verbeuse et assez ridicule dont ses camarades se faisaient gloire, ne laissait pas d'avoir en même temps les croyances au moins aussi ridicules que lui avaient données ses lectures.

L'apprentissage de la vie devait être dur pour lui; chacun de ses pas était une lourde chute. Très-jeune encore, enthousiasmé de la lecture de Robinson et redoutant une correction paternelle, il avait passé deux mois à la campagne, espérant trouver une caverne commode, des fruits et des œufs d'oiseaux. Au bout de ce temps, il était revenu maigre, pâle, affamé, exténué, sale, en lambeaux, et souffrant d'un rhumatisme qu'il garda toute sa vie. Plus tard, timide comme l'est tout jeune homme fier et élevé, il prit son embarras dans un salon pour un philosophique éloignement du monde; sa gaucherie auprès des femmes pour un sage mépris de leur frivolité; sa maladresse à la danse pour une juste horreur d'un amusement ridicule et insignifiant.

Cette bienveillance pour tout le monde que l'on a à dix-huit ans et que l'on n'ose manifester par crainte de ne la pas voir assez accueillir retombait sur son cœur et lui causait ce genre d'irritation que l'on n'éprouve jamais que contre les gens qu'on aime ou qu'on se sent disposé à aimer; il se crut misanthrope, s'éloigna de *la ville* pour aller *aux champs* vivre au milieu des *vertus paisibles* des laborieux habitans de la campagne; c'est sous *la cabane du pauvre* à l'ombre des bois verts, sur les prairies émaillées, que devaient se trouver la vertu, la gaîté, la franchise, la bonhomie, l'égalité; il ne rêvait qu'à la naïve pudeur des filles des champs, se mirant dans *le cristal des fontaines*, à la danse si gaie sous les arbres au son de la musette; à la paix, au bon accord, qui devaient régner entre ces bons paysans. Il partit.

Comme il approchait d'un village, il vit de loin, avec une sensation désagréable, que les *chaumières* étaient couvertes de tuiles et d'ardoises. Plus près, il n'y avait d'autres prairies que des champs de betteraves et de navets, d'autres fontaines que des mares infectes, d'autres vierges que de grosses sales filles à la voix rauque, aux discours grossiers; la musette, dont il ne connaissait que le nom, se montra alors une peau puante, rendant, sous les lèvres avinées d'un pataud, des sons aigres et insupportables. Des voituriers conduisant dans la boue une charrette pesamment chargée accrochèrent la voiture légère sur laquelle était Hugues et faillirent la renverser. Il s'en suivit une querelle entre le voiturier de Hugues et les paysans; dans la rixe, Hugues reçut sur le nez un coup de rateau tellement violent que le rateau se cassa.

A ce moment passait le magistrat du lieu, en sabots, en grosse veste et en bonnet de laine. Hugues fut saisi d'une véhémente admiration pour cette noble simplicité de mœurs. Il crut voir un patriarche, et lui parla comme il eût parlé en pareil cas. Le magistrat l'écouta; puis, ayant entendu en même temps les charretiers qui couvraient sa voix de la leur, il prononça cette mémorable sentence : « Tout bien entendu, il y a eu un rateau de cassé, il faut que ce rateau soit payé; Monsieur donnera trois francs. » Hugues, presque aussi étourdi du jugement que du coup de rateau, donna trois francs; et, pensant que ce village trop près de la ville avait pris quelque chose de sa corruption, il revint sur ses pas, aux huées des charretiers et du magistrat, et attendit avec impatience le moment où il pourrait aller plus loin chercher la douce paix et les vertus champêtres.

Hugues avait son logement dans un quartier retiré ; il habitait une chambre tout au haut d'une maison, sur une terrasse. Il pouvait contempler une grande étendue de ciel et respirer un air assez pur. Il jouissait du lever et du coucher du soleil et voyait le jour une demi-heure avant qu'il fût descendu dans la rue, et une demi-heure après qu'on avait allumé les lanternes. Ajoutez que le vent qui, aux Tuileries, faisait à peine frissonner les dentelles aux mantelets des femmes, produisait chez l'étudiant de véritables ouragans, brisait les vitres et emportait les cheminées.

Quand on faisait quelque plaisanterie sur la prodigieuse élévation de son logement, que l'on prétendait être au quatorzième étage, il répondait en souriant, qu'ayant, en sa qualité d'artiste, commerce avec les dieux, il avait cru devoir pour la facilité des communications leur épargner une partie du chemin.

Sa chambre était meublée d'abord de quatre murailles et de deux fenêtres, puis de quelques nattes de jonc, d'un lit, d'un grand fauteuil et de deux chaises incomplètes. Aux murailles, pendaient des fleurets, quelques ébauches données par des camarades, et trois ou quatre pipes de différentes couleurs et de diverses dimensions.

Il était rare que Hugues fût seul dans son logis. Quelques camarades étaient le plus souvent occupés à fumer chez lui et à parler politique.

Il serait difficile de préciser la date de cette histoire; nous ne pensons pas qu'aucun des personnages qui y figurent soit aujourd'hui vivant; mais c'était à l'époque où la jeunesse française commençait à échanger la gaîté insoucieuse et l'abandon si gracieux de son âge contre une gravité et des préoccupations tristes, si elles sont réelles; ridicules, si elles sont factices. On commençait alors, ce qui est si commun aujourd'hui que l'on ne s'en aperçoit plus, à rejeter dix belles années de sa vie, dix années dans lesquelles l'homme, dans toute la force du corps et de l'esprit, emploie sa puissance à jouir, pendant les quelques instans qui forment une limite si étroite entre les désirs et les regrets. Aujourd'hui l'on passe de l'enfance à l'âge mûr, on a supprimé la jeunesse, et c'est sans intervalle, qu'après avoir employé la première moitié de la vie à désirer la seconde, on consume la seconde à regretter la première. Si l'on secoue l'arbre en fleurs, si l'on fait tomber avant le temps cette neige odorante qui le couronne au printemps, comme une fraîche guirlande de fiancée, on n'en aura pas pour cela plus de fruits.

En ce temps-là, commença pour Hugues un enchaînement de malheurs.

Hugues, je ne sais si nous l'avons dit, ou du moins si nous l'avons dit clairement, faisait semblant d'étudier le droit et ne s'occupait que de peinture, quand il s'occupait de quelque chose. Quelques lettres de recommandation qu'il avait apportées, passablement d'esprit, une certaine élégance naturelle, et un remarquable habit marron à collet de velours le faisaient recevoir dans une société assez distinguée.

Hugues ne manqua pas de devenir amoureux d'une des femmes qu'il rencontrait le plus fréquemment.

Comme il arrive souvent, celle en laquelle il crut trouver l'assemblage de toutes les vertus, de tous les talens, de toutes les grâces; fut celle qui la première lui parut jeter sur lui un regard favorable, ou qui la première laissa tomber un petit gant blanc que Hugues put ramasser, ce qui lui donna l'occasion, la hardiesse, de lui adresser quelques mots sur la blancheur d'une main assez grosse que renfermait un peu difficilement le petit gant blanc.

Son *hommage* fut assez bien accueilli; la vivacité de ses sensations, le romanesque de ses idées, avaient un charme assez puissant aux yeux de la femme qu'il croyait avoir choisie.

Mais une série de petites infortunes vint l'arrêter près du but.

Un soir, comme il lui donnait le bras sur les boulevards, par un temps frais et serein qui avait fait naître l'idée de revenir à pied de l'Opéra, il fut accosté par une mendiante : c'était une pauvre femme dont les grands yeux bleus imploraient la pitié pour un tout petit enfant qu'elle portait dans ses bras. Fidèle aux traditions des héros de roman, Hugues *donna sa bourse* à la mendiante.

Dans les romans, une semblable action ne passe jamais inaperçue ; cette fois, au contraire la femme qu'il accompagnait, distraite ou préoccupée, ne vit pas ses largesses. Il arriva un peu plus loin, qu'un enfant couvert de suie le poursuivit en lui demandant un sou. Hugues du premier mouvement fouilla à sa poche ; mais, il avait si *littéralement* donné sa bourse, qu'il ne lui restait pas même le sou que lui demandait l'opiniâtre savoyard qui le poursuivit de sa voix dolente et de sa démarche de chien battu, jusque par delà la Madeleine, sans qu'il fût possible à notre infortuné héros d'en débarrasser ni lui ni sa compagne.

A quelques jours de là, Hugues se trouva faire chez elle une visite du matin. Madame*** avait du monde. Les gens qui se trouvaient là avaient ou l'avantage d'une position sociale ou celui de la fortune. Hugues avait bien de son côté quelques avantages à opposer à ceux-là ; il était jeune, beau, distingué, bien élevé ; mais tout cela ne servait qu'à obliger les autres à se prévaloir plus somptueusement de ce qui devait les mettre au-dessus du jeune artiste. Une chose surtout le mettait mal à son aise : il y a une sorte d'affiliation au monde qu'il faut obtenir, quand on veut y vivre ; quelque chose d'indescriptible à quoi les gens du monde se reconnaissent comme membres d'une même famille. Hugues jeune, sans fortune, sans talent reconnu, sans famille, se trouvait naturellement dans le monde sans en faire partie.

Ce jour-là, il fut d'abord un peu soucieux de voir madame*** ainsi entourée ; il se figura facilement qu'il eût trouvé le courage de lui parler, s'il l'eût trouvée seule, quoique très-certainement cela n'eût fait qu'accroître son indécision et sa timidité.

La conversation continua sans que son arrivée y changeât rien ; on parlait de gens et de choses qui lui étaient inconnus; c'est une impolitesse qu'ont fréquemment les gens qui se piquent le plus de savoir vivre. Relativement à Hugues elle était d'autant plus choquante qu'elle n'était pas involontaire. Il se hasarda à glisser une remarque assez fine et spirituelle sur ce que venait de dire un des interlocuteurs. Si tôt qu'il eut parlé, une autre personne répondit, non pas à la phrase de Hugues, mais à la phrase précédente, semblant considérer ce qu'il avait dit comme non avenu. La conversation continua. Une seconde tentative de Hugues ne fut pas plus heureuse. Madame*** avait trop d'esprit et de tact pour ne pas s'être aperçue de l'affectation de sa société à exclure ainsi le pauvre étudiant Hugues; elle méditait de ramener, par une transition droite, la conversation à une marche générale, lorsque l'étudiant se leva, salua silencieusement et sortit.

Il rentra chez lui, humilié, furieux, pleurant de colère et méditant de devenir millionnaire et maréchal de France pour humilier à son tour ceux qui l'avaient ainsi maltraité; mais ce projet ne pouvait avoir une exécution assez immédiate; et provisoirement il écrivit une longue lettre à madame ***.

Dans cette lettre, il faisait de l'indignation démocratique; en la relisant, il eut le bonheur de la trouver ridicule, et la remplaça par un billet. Au billet, il joignit un bouquet de jonquilles, à l'imitation des élégans du temps de Louis XV.

« Il serait, disait-il, bien heureux de voir ses » jonquilles le soir dans les beaux cheveux de » madame ***, à un bal où ils devaient se ren- » contrer. »

Ce pauvre garçon, se dit madame ***, il a été malheureux ce matin; il est parti trop tôt et n'a pu voir mes efforts pour le mettre à son aise; j'ai à ses yeux des torts que je dois expier, je mettrai ses jonquilles dans mes cheveux.

De son côté, Hugues exhalait son indignation contre les *grands*, les *favoris de Plutus*, etc.

Il regrettait amèrement *les temps passés* où un homme de cœur et habile aux *jeux de Mars* était l'égal de tous.

Le temps passé a ceci d'agréable qu'on lui

prête volontiers tout ce qui manque au temps présent. Nous avons eu la curiosité de rechercher dans les livres les plus anciens : nous n'avons pas trouvé un seul écrivain qui ne regrettât le *passé* et ne se plaignît du *présent* que nous regrettons aujourd'hui qu'il est devenu *passé* à son tour.

Sans remonter aux livres indiens et égyptiens où ces doléances sont fréquemment répétées, nous avons trouvé dans quelques anciens écrivains des plaintes exactement semblables, et sur les mêmes sujets, à celles que l'on formule aujourd'hui :

« Aujourd'hui que les mestres-de-camp se font par douzaines. » (Brantôme *Discours sur les Duels*).

Deux mille ans avant Jésus-Christ, un philosophe disait : On ne met aucune borne à la fureur d'écrire, « *scribendi libros non est finis.* »

On se plaignait sous Louis XV de la prodigalité des cordons *de l'ordre*, comme aujourd'hui on se plaint de celle des croix d'honneur.

De tout cela il ressort que *le progrès* est une chimère ; le peuple d'aujourd'hui est exactement le peuple du temps de Moïse ; chaque siècle a sa folie particulière qu'il décore du titre de philosophie ; ceux-là sont appelés sages qui font nos folies ou sont fous à notre profit.

Toute cette indignation de Hugues creva en une ode en vers libres où l'on remarquait ces vers :

>Si j'étais chevalier,
>J'aurais une bannière,
>Une cuirasse, un bouclier ;
>Sous mon blanc destrier
>*Flotterait* la poussière.
>On verrait voltiger,
>Au combat sur ma tête,
>Une brillante aigrette :
>Rouge, — c'est sa couleur....
>. . . . . .

C'était l'heure de partir pour le bal ; il fallut descendre un peu de ces hypothèses dites poétiques : la cuirasse fut remplacée par l'habit marron, l'aigrette rouge par un chapeau de soie, le bouclier par une canne, et le destrier blanc par deux chevaux de fiacre d'une couleur indéterminée.

Arrivé au bal, Hugues chercha long-temps madame *** ; elle le cherchait aussi ; mais Hugues l'ayant aperçue avec une guirlande de fleurs bleues dans les cheveux, il resta un moment anéanti ; puis, se glissant dans la foule, il sortit du salon en jurant de ne jamais revoir madame ***. En général, les amoureux dépensent tant d'énergie dans leurs projets de vengeance et dans leurs sermens, qu'il ne leur en reste guère pour l'exécution ; néanmoins Hugues tint cette fois la promesse qu'il s'était faite à lui-même.

Si madame *** avait substitué des volubilis bleus aux jonquilles que lui avait envoyées l'étudiant, ce n'était pas faute d'un vif désir de lui être agréable ; elle s'était même coiffée d'abord avec lesdites jonquilles ; mais sa femme de chambre et sa psyché lui avaient si bien démontré la dissonnance des fleurs jaunes avec ses cheveux blonds, que, dans l'intérêt même de notre héros et pour ne pas lui paraître laide, elle y avait renoncé.

Hugues fit de longues homélies contre les *grandes* dames, *découvrit* que la vertu et l'amour n'existent que dans *les mansardes*, et se renferma dans son atelier.

devint amoureux, à quelque temps de là, d'une voisine; il la rencontrait dix fois le jour sur son escalier; mais, n'osant lui parler, il rappela dans sa mémoire tout ce qu'il avait lu d'applicable à la circonstance, et il lui écrivit. Ainsi que ne manque jamais de le faire le jeune homme qui n'a connu d'autres plaisirs que le jeu de balle et le théâtre des Variétés une fois par semaine, il se donnait dans sa lettre pour un homme fatigué de l'existence et de ses insipides joies. Il offrait toute sa vie pour un regard.

Avec toutes les femmes le but est le même; il n'y a de différence que dans le point de départ. Hugues demandait un regard : on lui accorda ce qu'il demandait. Il eut mieux fait de demander davantage; c'était commencer le plus loin du but possible.

La jeune voisine se trouvant ainsi, par les adorations timorées de l'étudiant, juchée sur un piédestal si élevé qu'elle ne pouvait en descendre sans risquer de se rompre le col, le prit au mot, non sans s'étonner passablement des épîtres mélancoliques de son voisin. Il faisait sa cour depuis un mois quand pour la première fois il avisa de demander une réponse à ses lettres.

Il savait bien tout ce qu'un pareil sacrifice

coûterait à la vertu de sa voisine; ce n'était qu'en tremblant qu'il osait demander une si grande faveur. Les filles sages d'ordinaire ne répondent pas à des lettres d'amour; mais il espérait que sa constance triompherait de scrupules auxquels il ne pouvait qu'applaudir, etc.

Prenez une vieille femme au moment où elle va jeter par la fenêtre des pantoufles hors de service, priez-la de vous les donner pour un louis: elle vous en demandera trois.

La voisine vit justement dans cette lettre un plaidoyer fort éloquent contre ce qu'on demandait d'elle; et ce ne fut que quinze jours après qu'elle consentit enfin à faire ce qu'elle eût fait d'elle-même si Hugues ne le lui eût pas demandé. Il avait lu et relu Clarisse Harlowe et il suivait Lovelace pas à pas.

Huit jours plus tard il demanda à faire une visite.
Huit jours après il serra la main.
Huit jours après il baisa la main.
Huit jours après il baisa la joue.

Huit jours après il se rapprocha des lèvres : on le mit à la porte.

On le mit à la porte parce qu'en même temps que lui un autre candidat s'était mis sur les rangs.

Mais l'autre candidat avait commencé plus près du but ; il avait débuté par faire une visite ; et il est facile de les suivre l'un et l'autre dans leur chemin.

Le jour où Hugues avait demandé un regard, son rival avait fait une visite.

Le jour où Hugues avait demandé une réponse, il avait serré la main.

Le jour où Hugues avait serré la main, l'autre l'avait baisée.

Le jour où Hugues avait baisé la main, l'autre avait baisé la joue.

Le jour où Hugues avait baisé la joue, l'autre avait baisé les lèvres.

Le jour où Hugues avait voulu baiser les lèvres.... on avait mis Hugues à la porte ; la jeune ouvrière s'était donné un maître qui avait exigé l'expulsion de son rival.

Hugues lui envoya un cartel; celui-ci répondit qu'il comprenait à peu près que Hugues, désappointé dans ses espérances, fût en colère et ne s'amusât pas de la vie; mais que lui, qui avait réussi, trouvait la vie fort agréable pour le moment et ne se souciait nullement de la jouer contre la vie d'un homme qu'il serait désespéré de tuer et auquel il n'avait nul sujet d'en vouloir.

Hugues alors rima des élégies.

Comme il en était à sa quinzième élégie, d'autres étudians vinrent le chercher pour l'emmener déjeuner. Un d'eux avait reçu quelque argent de sa famille et traitait ses camarades.

Après le déjeuner, ils se séparèrent. Hugues

donnait le bras à deux jeunes gens qui demeuraient dans son quartier.

Ils arrivèrent à un carrefour; Hugues voulut tourner à droite, un autre insista pour qu'on prît à gauche. Le troisième annonça qu'il prendrait tout droit. Chacun appuya son opinion d'argumens à peu près les mêmes. Cette rue abrégeait le chemin, cette autre était moins fangeuse.—Ma foi, Messieurs, dit le troisième, vous avez pris pour vous les deux seules raisons que l'on puisse donner; pour ne pas vous répéter je suis forcé de dire la vérité. Je ne veux passer ni à droite ni à gauche parce que dans une rue demeure mon bottier et dans l'autre mon tailleur, et que mes comptes ne sont pas aussi en règle que je le voudrais bien. Hugues et l'autre jeune homme avouèrent en riant que c'étaient des causes semblables qui seules fondaient leur obstination géographique. Ils se séparèrent en se donnant la main, et chacun prit la route qui lui présentait le plus de sûreté.

Rentré chez lui, Hugues ralluma son feu, car

dans les premiers jours du mois d'avril il faisait encore froid, et il se mit à penser.

Une goutte de citron fera tourner le lait le plus pur. Il n'est pas impossible qu'une éclaboussure reçue dans la rue pousse un homme à se brûler la cervelle, tant la moindre contrariété nous trouble la vue et nous fait tout voir en noir. Cette dette qui empêchait l'étudiant de passer librement dans la rue l'amena à récapituler tout ce qu'il y avait de chagrinant dans sa situation. Il est peintre, mais tant de gens de talent meurent de faim; et d'ailleurs aura-t-il du talent? Il récapitula tous les ennuis qui l'assiégeaient et le peu de ressources qu'il trouvait contre eux; le théâtre où depuis *les mystères* jusqu'à nous, on avait toujours joué une seule et unique pièce, tantôt prise du côté sérieux, tantôt du côté comique ou grotesque. Le monde! Les *grandes dames* qui *trompaient* comme des grisettes; les grisettes qui *trahissaient* comme des grandes dames. Il se rappela ses peines d'amour; il relut ses élégies et s'attendrit sur lui-même. Son amour pour la solitude et la vie champêtre se réveilla. Il fit sa valise et partit pour le Hâvre.

Dans la voiture, Hugues se trouva l'heureux possesseur d'un coin. En proie aux plus riantes idées, il descendit son bonnet jusque sur ses yeux, bien décidé à ne pas dire un mot de tout le voyage. Il allait se trouver à 54 lieues de Paris : c'est là qu'il verrait l'homme de la nature, l'homme non corrompu par la civilisation, l'homme simple, franc et bon; pas de gêne, pas d'étiquette; des filles chastes, pures, innocentes, filant pour leurs vêtemens la laine de leurs moutons *plus blancs que la neige.*

La voiture s'arrêta à quelques lieues de Paris pour se compléter; c'est un moment d'anxiété que tout le monde connaît.

Pour le voyageur endurci qui n'a d'autre souci que ses aises, le nouveau venu est-il gros? est-il mince? Pour les jeunes gens, est-ce une femme? Et quand un voile, un châle flottant dans l'ombre ont réalisé ce désir, est-elle jeune? est-elle jolie?

C'étaient deux femmes, l'une jeune, l'autre de l'âge d'une mère de comédie, c'est-à-dire encore coquette et avenante. Il ne restait que les deux places des deux survenantes. Les quatre premiers arrivés avaient nécessairement pris les coins. Un des voyageurs placé sur la même banquette que l'étudiant offrit son coin et se rapprocha de Hugues; celui-ci agit de même, mais fut forcé de se placer sur la banquette opposée.

En un moment la voiture avait changé d'aspect. Les quatre hommes qui s'étaient affublés, pour passer la nuit, de bonnets plus ou moins ridicules, les avaient remis dans leurs poches ou avaient passé la main dans leurs cheveux; tout le monde s'était fait beau.

Comme Hugues avisait comment il entamerait le dialogue, une conversation s'engagea entre les deux femmes et l'un des voyageurs qui avaient gardé leur coin. Il donna de son manque de politesse des raisons gaies et plaisantes qui firent rire les deux femmes aux éclats. Hugues, choqué de cet avantage que l'on prenait sur lui, et du peu de profit qu'il tirait de son sacrifice, trouva avec peine et ramassa son bonnet qu'il avait ôté précipitamment, l'enfonça sur ses yeux et s'endormit pour ne se réveiller qu'en arrivant au Hâvre. Il faisait grand jour, il mit son bonnet dans sa poche et ce ne fut que quelques jours après qu'il s'aperçut que son foulard, qu'il avait toujours connu jaune, était devenu amaranthe. Dans un des coins était attachée une petite bague ornée d'une topaze de peu de valeur.

*

Hugues fut reçu chez son père comme tous les fils chez tous les pères; sa mère pleura de joie et le trouva superbe, son père ne fut guère plus stoïque. Aux questions sur ses études, il répondit qu'il serait bientôt avocat; les parens furent enchantés et invitèrent leurs parens et leurs amis à dîner, pour se faire honneur de leur fils. Le dîner fut rendu par les parens et les amis.

Hugues n'eut qu'un médiocre succès : son genre d'esprit était trop fin pour ses auditeurs. Il fut entièrement éclipsé par un diseur de gaudrioles, sorte de loustic au rire bruyant. Il trouva là des étiquettes que tout son engoûment pour la vie champêtre ne put lui faire préférer à celles dont il avait tant médit à Paris. On le forçait de boire et de manger; son verre toujours rempli devait toujours être vide; on choquait les verres à chaque fois qu'on les portait à la bouche. Peu connaisseur en vins, il négligeait de faire l'éloge de celui qu'on servait. Après le café on faisait du *gloria*, puis une nouvelle dose d'eau-de-vie faisait le *gloria gris*; puis l'eau-de-vie pure était bue comme *rincette*; à la *rincette* succédait la *surrincette*. La maîtresse de la maison apportait alors sous le nom de cassis qu'elle avait fait elle-même de l'eau teinte en rouge et une galette de sa façon. Hugues, qui avait déjà trop bu et trop mangé, refusait le cassis et la galette; on s'entreregardait. Hugues était un homme sans usage et sans habitude du monde.

Au dehors il était plus heureux : il y avait de beaux pâturages, mais les moutons étaient jaunes de boue et de fumier. Ceux qui les gardaient étaient des enfans déguenillés.

Son rêve d'égalité n'était pas plus réel; à la même table, le maître mangeait sur une nappe qui s'arrêtait à la place des domestiques. Les domestiques mangeaient un pain plus grossier et buvaient de la piquette à côté du vieux cidre des maîtres.

Un jour son père lui dit: Hugues, monte demain matin sur le bidet et va à Étretat; tu paieras à Moïse Aubry cent mesures de pommes que je lui dois de l'année passée et tu lui feras nos complimens. Hugues profita avec joie de l'occasion de s'éloigner pour un jour des parens et des amis de son père. Il ne pouvait que leur savoir gré de leur accueil et de leurs dîners offerts de bon cœur, mais il y périssait d'ennui.

II.

Où l'on voit comment l'Étudiant Hugues marcha
sur le pied d'un homme blond, et ce
qui en advint.

Il y a cinq ou six lieues du Hâvre-de-Grâce au petit port d'Étretat. On y va du Hâvre presque toujours en montant, à travers champs, sans rien voir qui ressemble à la mer; il semble presque que l'on est dans une plaine de la Beauce, mais il vient un moment où, après une dernière montée, l'horizon se dévoile, et, à plus de cinq cents pieds au-dessous du spectateur, on découvre la mer jusqu'à une grande distance. Il est impossible à cet endroit de ne pas s'arrêter quelques instans pour contempler le magnifique spectacle que l'on a sous les yeux. Étretat n'est pas un port construit de mains d'hommes, c'est une baie naturelle entre de hautes falaises coupées à pic et des roches énormes. La bourgade est placée entre deux collines, et il paraîtra remarquable qu'il n'y ait aucune habitation sur le versant de l'une ni de l'autre, quand on saura que le vent de sud-ouest ne peut souffler un peu fort sans faire entrer la mer dans les rues d'*Étretat;* plusieurs fois en creusant des caves on a trouvé des maisons en partie détruites, enfouies sous le sable de la mer, à une époque dont personne n'a le souvenir.

Hugues arriva de bonne heure, non sans s'être égaré plusieurs fois dans le trajet. Il ne connaissait pas Étretat, et se sentit épanouir le cœur quand il fut parvenu à l'endroit où il n'y avait plus qu'à descendre. Toutes les collines étaient couvertes d'ajoncs, buissons verts épineux, dont les fleurs jaunes sont si nombreuses qu'à quelque distance, il semble au soleil voir un immense drap d'or étendu sur la terre ; puis au loin la mer était d'un bleu sombre, et à l'horizon s'élevaient de chaudes vapeurs. Quelques navires passaient au large, et leurs voiles blanches, gonflées par un frais vent d'est, leur donnaient la forme et la démarche de grands cygnes glissant sur l'eau.

Hugues descendit à Étretat par des chemins creux, sur les bords desquels de grands arbres et des aubépines en fleurs formaient de longs berceaux.

Samuel Aubry était à la messe ainsi que la plus grande partie des habitans : Hugues se dirigea vers l'église. Comme il passait près d'une petite maison dont une grande vigne couvrait toute la façade, des pampres verts qui cachaient presque la fenêtre sortit une voix de femme. Hugues leva la tête et aperçut une ravissante figure de fille avec des cheveux blonds et des yeux d'un beau bleu pur. A cette voix, un homme qui sortait de la maison se retourna, la jeune fille rejeta en arrière les cheveux qui lui tombaient sur le front et dit : — N'oubliez pas, mon bon Vilhem, de ramener mon père aussitôt après la messe.

Puis elle disparut.

Hugues resta quelques instans immobile devant la fenêtre, mais personne ne reparut, et il doubla le pas pour rejoindre l'homme qui sortait de la maison. C'était se rapprocher de la jolie fille que de causer avec quelqu'un qui venait de la quitter; et d'ailleurs il saurait par lui qui elle était.

Vilhem était assis contre une haie et allumait sa pipe; près de lui était un gros chien de Terre-Neuve, noir et blanc.

Pour entrer en conversation, l'étudiant, après avoir cherché long-temps quelque chose d'adroit et de bien tourné, finit par lui dire :

— Quelle heure est-il?

— Je n'en sais rien, dit Vilhem.

Puis il se leva et continua sa route, suivi de son chien.

Hugues marchait à côté de lui.

Mais la conversation était entièrement tombée.

Il tenta de la relever.

— Savez-vous, demanda-t-il, où est Samuel Aubry?

— C'est chez lui qu'il faut le demander, répondit Vilhem.

— J'y suis allé.

— Hé bien?

— Hé bien! on m'a dit qu'il était à l'église.

— Alors, vous en savez plus que moi.

— Où est l'église?

— J'y vais; suivez-moi.

Hugues le suivit sans pouvoir le faire parler davantage. Vilhem semblait entièrement absorbé par sa pipe, qu'il n'éteignit qu'au moment d'entrer dans le temple.

L'ÉGLISE, à cette époque, n'était pas encore défigurée par le hangar de planches et de plâtre dont on l'a agrandie aujourd'hui. Elle ne consistait qu'en ce petit vaisseau formé d'arceaux gothiques, élevés, légers, dentelés, et laissant passer, à travers des rosaces de vitraux de couleur, un jour mystérieux et tranquille.

Chaque famille avait son banc : femmes, hommes, enfans, s'y rangeaient, plus ou moins pressés, selon le nombre des membres de la famille. Les hommes étaient vêtus de larges vestes brunes ou bleues et de pantalons semblables; des chemises de laine rouges ou bleues rabattaient leur col sur les épaules : toutes les barbes étaient fraîchement faites. Les femmes étaient propres et coquettement arrangées; presque toutes, et ce goût a subsisté, étaient vêtues de violet; un mantelet à capuchon presque universellement noir encadrait gracieusement leur visage. Tout le monde était recueilli et silencieux. Vilhem, en entrant, trempa l'extrémité de ses doigts dans l'eau bénite et se signa; puis il se mit à genoux sur la dalle et pria.

Sur un des premiers bancs était un homme qui semblait âgé de quarante ans. Ses cheveux blonds grisonnaient; sa figure était calme et bienveillante; il ne manquait pas d'un certain embonpoint. Son teint légèrement coloré n'était pas hâlé par l'air comme celui des autres hommes qui remplissaient l'église. Il était seul dans son banc; en apercevant Hugues, il s'inclina silencieusement et se recula pour lui offrir une place à côté de lui ; mais Hugues remercia d'un signe et resta debout. Il ne voulait pas s'éloigner de son silencieux compagnon de voyage.

Quand le bedeau apporta le pain bénit, celui qui avait offert à l'étudiant une place sur son banc eut encore l'obligeance de lui passer la corbeille. Hugues, sans rien prendre, la présenta à Vilhem Girl; mais celui-ci la refusa. Alors les enfans de chœur se mirent à chanter. C'étaient de ces originales et simples harmonies que produit l'Allemagne; de cette musique qui vous enlève de la terre et emporte l'esprit dans ces douces rêveries qui révèlent le ciel. La messe finit et on sortit de l'église. Maître Kreisherer aborda à ce moment l'étudiant et lui dit :

— Vous n'êtes pas de notre pays ?

Mais Hugues, qui craignait de perdre Vilhem,

et qui s'en trouvait séparé par quelques personnes, ne lui répondit pas et doubla le pas. Il ne tarda pas à rejoindre Vilhem; mais comme il allait lui adresser la parole, celui-ci le prévint, et, lui montrant un homme qui sortait de l'église, il lui dit : Voici Samuel Aubry.

Hugues aborda l'homme qui lui était désigné et l'accompagna jusque chez lui. Le soir, en s'en allant, Samuel conduisit son hôte. On passa devant la petite fenêtre aux pampres verts : elle était éclairée en dedans et fermée. Il parut à Hugues que des chants se faisaient entendre; mais il n'avait, vis-à-vis de Samuel Aubry, aucun prétexte de s'arrêter. Il retourna plusieurs fois la tête, en ayant soin de se tenir du côté du chemin opposé à la maison, pour la voir plus long-temps. Au moment où le chemin tournait, et où il devait nécessairement la perdre de vue, il s'arrêta, assura Samuel qu'il trouverait sa route parfaitement. Samuel le chargea pour son père de commissions dont Hugues, les yeux fixés sur la petite fenêtre, n'entendit pas un seul mot.

Il y joignit d'aussi inutiles instructions sur sa route. Ils se séparèrent. Hugues partit au galop; mais bientôt son cheval prit le trot et ensuite le pas sans qu'il y fît attention. Son imagination était absorbée par les souvenirs de la journée: l'aspect imposant de la mer, la jolie tête blonde, la musique ravissante de l'église.

Il s'égara complètement et n'arriva chez son père que fort avant dans la nuit. Il refusa de souper, et se coucha sans parler à personne, tant il craignait la moindre distraction aux rêveries dans lesquelles il était plongé.

Il y avait trois personnes dans la petite maison.

Maître Kreisherer, comme l'indique son nom, comme l'indiquaient plus évidemment encore son extérieur à ceux qui l'ont connu, n'était pas du pays.

C'était un musicien de Sarrebrucken, homme de talent ignoré, qui avait toujours vécu comme vivent et meurent certaines plantes au sommet des montagnes inaccessibles. Elles déroulent leurs pétales de pourpre ou de saphir et exhalent leurs parfums sans que personne en jouisse ; seulement quelquefois le soir une brise porte ce parfum à une fille ou à un poète qui rêvent, sans qu'ils puissent savoir si ce parfum vient du ciel ou de la terre.

Maître Kreisherer avait vécu ainsi long-temps dans son pays, dans la paroisse d'Utweiler.

Confiné dans une pauvre commune, entouré de gens qui sentaient bien les charmes de ses compositions, mais n'étaient pas assez vains de leur bonheur pour vouloir le faire envier aux autres, et d'ailleurs auraient été fort inhabiles à rendre leurs sensations, le maître de clavecin était entièrement ignoré, sans chagrin de l'être ; car l'étude de son art lui donnait autant de jouissances qu'il lui en fallait ; et les jeunes filles et les jeunes garçons ne valsaient que sur des airs composés par lui et qui se répandaient parfois jusqu'à la fameuse taverne de Bubenhaus, à dix lieues de là, sans que personne en connût l'auteur.

Il avait plus tard vu mourir sa femme; le chagrin qu'il en avait conçu et le soin de recueillir le bien qui revenait à sa fille, car sa femme était française, l'avaient fait passer en France, et le hasard l'avait fixé à Étretat où il était devenu successivement maître de chant des enfans de chœur et maître d'école ou plutôt clerc, pour nous servir d'une expression encore en usage sur toute la côte de Normandie.

Pour Vilhem, que connaissent bien ceux qui ont lu nos précédens récits, c'était ce paresseux Vilhem qui ne se donnait guère de mouvement que pour faire quelques menus ouvrages qui fournissaient à sa nourriture et à son tabac plus précieux que sa nourriture; mais comment avait-il quitté l'Allemagne et *Swei-Brucken*, et comment était-il venu à Étretat?

Vilhem Girl, d'une famille bourgeoise de Sarrebrucken, avait reçu une éducation distinguée.

4*

Deux fois dans sa vie il avait été sinon riche, du moins fort à son aise, et deux fois il s'était vu réduit à la plus complète pauvreté. Il lui était resté des vicissitudes de sa vie un dédain excessif pour les choses humaines, et une seule passion, la paresse.

Non une paresse lourde, somnolente, stupide; mais une paresse raisonnée, spirituelle et appuyée des plus solides et des meilleurs argumens; une paresse fondée sur le peu d'importance des choses les plus fatigantes à acquérir et les plus difficiles à conserver.

Il avait été compris dans une levée de troupes et avait mieux aimé s'exposer aux dangers de la désertion que de subir un métier qui lui était odieux pour une foule de raisons que nous n'avons pas le loisir de détailler ici. Il était venu en France et s'était fixé dans le petit bourg d'Étretat; son choix pour cette résidence avait été déterminé par la rencontre de maître Kreisherer, son compatriote et un peu son cousin.

Il faisait à Étretat ce qu'il avait fait en Allemagne; il faisait avec empressement un travail qui lui donnait le droit de ne rien faire pendant plusieurs jours. Il fumait et buvait du cidre avec maître Kreisherer non sans regretter quelquefois la bierre blanche de *Thal-Strage*.

Il aimait surtout à entendre le soir maître Kreisherer jouer sur son clavecin quelques vieux airs allemands, ou Thérèse de sa voix pure chanter les mélodies qu'inspirait à son père la poésie de la mer.

Tous trois passaient ainsi de longues soirées. Maître Kreisherer avait quelques regrets du passé et quelque sollicitude de l'avenir, car Thérèse était en âge d'être mariée. Thérèse avait bien peu de passé dont elle pût se souvenir, et, quoiqu'il ne fût pas impossible qu'elle désirât quelque chose, il lui aurait été difficile de dire ce qu'elle désirait.

Pour Vilhem Girl, il ne désirait rien, ne craignait rien, ne regrettait rien et se trouvait l'homme le plus heureux du monde.

Une année après son arrivée à Étretat, il arriva à Vilhem la seconde bouffée de fortune dont nous avons légèrement parlé.

Un soir d'hiver, maître Kreisherer était assis dans son grand fauteuil presque sous le manteau d'une haute cheminée; devant lui était une table; sur cette table deux verres et un pot de gros vieux cidre; de l'autre côté de la table était un fauteuil vide.

Vilhem entra et se mit, sans rien dire, dans le second fauteuil et ralluma sa pipe; maître Kreisherer se mit à narrer à son commensal comment Guy d'Arezzo, moine bénédictin de Toscane, avait imaginé la gamme, et lui cita la strophe de l'hymne à Saint-Jean d'où il avait pris les dénominations des notes.

Ut queant laxis *re*sonare fibris
*Mi*ra gestorum *fa*muli tuorum,
*Sol*ve polluti *la*bii reatum,
Sancte Joannes.

A l'attitude de Vilhem Girl, à son regard imperturbablement fixé sur les bouffées régulières de sa fumée, il était facile de voir qu'il s'intéressait peu aux discours du musicien, et qu'il était là, non pour écouter ni pour répondre, mais pour se chauffer, assis commodément, et fumer sans nul autre souci que de remplir sa pipe chaque fois qu'elle arrivait à ne plus contenir que de la cendre, et de vider son verre après l'avoir machinalement porté en avant pour rencontrer celui de maître Kreisherer. Thérèse joua de la harpe, et Vilhem, contre son habitude, parut plutôt attendre la fin de la musique que se laisser bercer aux douces rêveries que d'ordinaire elle excitait en lui. Il prit enfin la parole.

— Hé, maître Kreisherer, dit-il, saviez-vous que j'étais neveu de la vieille Marthe Leben; c'est une nouvelle que vient de m'apprendre ce papier qui m'annonce la *perte douloureuse* que j'en ai faite et me convoque à son enterrement, et aussi cet autre qui m'invite à assister à l'ouverture de son testament.

— Et je vous prie d'agréer mes félicitations, dit maître Kreisherer, car on n'attribue pas d'autre enfant à votre défunte tante Marthe qu'un fils mort il y a quinze ans, et si vous êtes héritier, tout porte à croire que notre ami Vilhem Girl sera riche comme un maréyeur.

— Vous croyez? dit nonchalamment Vilhem, et il remplit sa pipe; quand il l'eut allumée : Une chose me fâche, ajouta-t-il, c'est que ma tante ait cru devoir aller mourir à Fécamp, ce qui nécessite pour moi un voyage de quatre ou cinq lieues pour assister aux derniers honneurs qui lui seront rendus, tandis qu'elle serait tout aussi bien morte à Vatteau à une petite lieue d'ici où elle a long-temps séjourné; les vieilles gens ont d'étranges caprices.

Et quand Vilhem se remit à fumer, il resta sur sa physionomie l'expression visible de son mécontentement.

Le lendemain il partit avant le jour.

Sur la tombe de la vieille Marthe un monsieur vêtu de noir s'avança, qui tira de sa poche un rouleau de papier qu'il déploya, puis il se moucha et fit entendre cette petite toux dénonciatrice d'une lecture imminente.

—C'est singulier, dit Vilhem, ce que va lire ce monsieur me fait tout-à-fait l'effet d'une oraison funèbre; je serais assez curieux de savoir ce que l'on peut dire de ma tante Marthe, et à coup sûr on a bien fait de ne pas me charger de cette besogne, je n'aurais guère trouvé à dire que : son pouls battait, son pouls ne bat plus.

Le monsieur vêtu de noir commença : après des considérations générales sur la mort qui frappe en aveugle les riches et les pauvres, les bons et les méchans, après quelques doléances sur la fin *prématurée* d'honorable dame Marthe Leben après 60 ans d'une vie irréprochable, il poursuivit :

« Certes, Messieurs, ce n'était pas une femme vulgaire que Marthe Leben, et personne peut-être n'a aussi bien rempli les conditions que les sages de tous les temps et de toutes les nations ont imposées aux femmes. L'épitaphe la plus vantée parmi les Romains fut celle-ci :

CASTA VIXIT ;
LANAM FECIT ;
DOMUM SERVAVIT.

Elle a vécu chaste ;
Elle a filé de la laine ;
Elle s'est renfermée dans sa maison.

Et je le prouve, Messieurs :

« Marthe Leben était devenue paralytique, et n'aurait pu sortir quand même son esprit éclairé ne se fût pas fait une joie de la nécessité que la nature lui imposait de cette vertu domestique ; donc, *domum servavit*.

« *Casta vixit*. Ici, Messieurs, s'arrête l'investigation permise ; la vie privée doit être murée ; je regrette de ne pouvoir, sans manquer au respect dû aux morts, déployer à vos yeux cette vie, sans aucun doute, pure et sans reproche.

« *Lanam fecit*. A nous qui avons vécu dans l'intimité de cette femme supérieure il est connu que personne, dans toute la France peut-être, ne brodait avec cette rare perfection qu'elle eût nécessairement apportée à tout ce qu'elle eût fait, si sa modestie ne l'eût toujours empêchée d'entreprendre autre chose.

« Personne, Messieurs, et pardonnez si je renouvelle vos douleurs, en rappelant ici les brillantes qualités de la femme que nous avons perdue ; personne ne doute qu'avec son exquise sensibilité, son esprit si richement doté par la nature, que si l'on y eût semé le grain fécond de l'éducation, il en fût résulté une riche moisson, personne ne doute que Marthe Leben n'eût été capable de réussir dans les sciences et dans les lettres. Pour ce qui est des arts, le savant Haller a parfaitement remarqué que les personnes que la nature destine à ce culte sacré, ont le système nerveux prodigieusement développé. Marthe Leben n'avait peut-être pas les nerfs d'une très-grande délicatesse, mais comme le travail et la méditation des arts doivent prodigieusement accroître cette disposition, il n'est pas douteux non plus que notre illustre amie ne se fût placée dans les arts au premier rang que lui ont, dans l'ordre moral, acquis sans contredit ses singulières vertus.

« Certes, Messieurs, un si extraordinaire assemblage des plus brillantes qualités et des talens les plus divers aurait dû exciter l'envie, l'envie qui... (Ici une paraphrase fort étendue et que nous nous abstenons de rapporter, attendu qu'elle se trouve partout). Mais, conformément à la maxime du sage, qui dit que *la femme la plus vertueuse est celle dont on parle le moins*, Marthe a échappé aux traits de l'envie, de l'envie que.... (autre paraphrase), par sa précieuse modestie ; car, Messieurs, si la femme la plus vertueuse est celle dont on parle le moins, je vous prends tous à témoins que cette palme est encore due à la couronne de notre immortelle amie ! Jamais femme ne vécut dans une aussi respectable obscurité, et je suis certain qu'aucun de vous peut-être n'en a jamais entendu parler, et que vous n'avez appris qu'elle avait vécu que par l'annonce de sa mort.

« Pleurons donc, Messieurs, sur cette tombe ! Pleurons en ce jour, où la terre perd encore une des femmes qui honoraient l'humanité ; mêlons nos regrets à ceux des pauvres dont elle était la providence et l'appui, et si aucun n'a suivi son convoi, cela ne peut s'expliquer que d'une manière, puisqu'un cœur si noble et si généreux, comme je viens de le prouver facilement, n'a pu manquer de soulager la misère ; c'est que, conformément au précepte du Christ, *sa main gauche ignorait ce que donnait sa main droite*, et que, par une fraude pieuse, *piè mendax*, elle a dérobé aux pauvres la main bienfaisante qui probablement répandait dans l'ombre de prodigieux bienfaits. »

C'est étonnant, se dit Vilhem Girl, combien sont honnêtes gens les gens qui meurent.

A l'ouverture du testament, il se trouva que Vilhem, malgré le nombre prodigieux de cousins et de neveux que se trouvent d'ordinaire avoir les gens riches, héritait de soixante mille francs, dont trente mille pour sa part légale, et trente mille d'un legs particulier; dès le lendemain il fut accusé criminellement d'intrigue et de captation; le legs qui lui était particulier fut attaqué en nullité, et le testament fut argué de faux.

Il fallut chercher un procureur, le procureur lui conseilla de chercher un avocat.

— Monsieur, dit Vilhem, je n'ai aucun besoin d'avocat, je dirai moi-même à messieurs les juges : Je défie que l'on prouve que j'aie jamais ni parlé ni écrit à la testatrice.

— Monsieur, dit le procureur, ce n'est pas ainsi qu'on plaide, il vous faut absolument un avocat.

— Hé bien ! Monsieur, dit Vilhem, donnez-moi celui que vous voudrez.

— Monsieur, dit le procureur, vous serez content.

Le premier procès était pour avoir négligé une formalité qui l'exposait à quelques francs d'amende.

Le jour du jugement, après qu'on eût lu l'acte d'accusation, Vilhem le trouva si juste que, sans son procureur qui le retint, il se serait levé et aurait dit qu'il était prêt à payer, sans permettre à l'avocat de prendre la parole.

— Messieurs, dit l'avocat,

Certes je craindrais pour ma cause et pour mon client, me voyant pour adversaire l'une des lumières les plus éclatantes du barreau, si je ne me confiais en votre justice et en cette respectueuse observation de la loi dont vous avez déjà donné tant de preuves.

On ne peut nier, Messieurs, que la société ne soit dans un état de crise, et que les destinées de l'avenir ne nous apparaissent confuses et effrayantes comme de sanglantes comètes, et permettez que je vous dise ici, Messieurs, qu'ils n'étaient pas si fous ces anciens qui considéraient ces signes célestes comme l'annonce de la colère divine. L'homme, quoi qu'il en ait, ne peut se dérober aux influences atmosphériques, et cède involontairement à l'effroi physique qu'inspirent à tout ce qui est créé ces grands bouleversemens de la nature.

. . . . Steteruntqué comæ, et vox faucibus hæsit.

Or, Messieurs, où devons-nous chercher les causes de ce malaise social, de cette agitation qui s'est emparée des diverses classes de la société ? C'est ce que je vais examiner, après avoir réfuté tour à tour les soixante-douze opinions différentes émises précédemment à ce sujet par des hommes dont j'estime les talens, mais qui me paraissent cette fois être tombés dans une grande erreur:

Errassse immodicè.

La première opinion que je réfuterai, Messieurs, est celle....

— Avocat, dit un des juges, n'aimeriez-vous pas autant arriver à la question.

— Qu'est-ce à dire, Messieurs ; dit l'avocat se tournant vers ses confrères; est-ce au milieu du barreau qu'un magistrat ose borner la défense de l'accusé et interdire au défenseur né de la veuve et de l'orphelin les paroles qui doivent protéger ses cliens contre les embûches de la calomnie.

— Messieurs, continua-t-il, devant vous, à la face de toute la ville de Fécamp, à la face de toute la France, de l'Europe entière — car ici la cause change d'aspect; elle devient intéressante pour tous les peuples qui ont des lois — je proteste énergiquement contre la tentative criminelle du magistrat qui a voulu arrêter l'essor déjà victorieux de la défense.

Où sommes-nous, Messieurs, dirai-je avec l'orateur romain, *ubinam gentium sumus?* et ne réussirons-nous jamais à abattre les têtes toujours renaissantes de l'hydre de la tyrannie.

Mais, veuves, orphelins et accusés, la défense ne vous manquera pas; je verserai jusqu'à la dernière goutte d'un sang qui appartient à ma patrie, avant de vous abandonner à la corruption et à l'iniquité.

Il se fit dans l'assistance un murmure d'approbation; quelques applaudissemens même se firent entendre.

— Monsieur, dit Vilhem en tirant l'avocat

par son habit, ces messieurs ne vous ont rien dit que ce que j'allais vous dire moi-même ; personne ne veut de votre sang, et votre colère ne sert qu'à prévenir les juges contre ma cause.

L'avocat ne répondit pas et continua :

— Messieurs, la première des soixante-douze opinions que j'ai à réfuter est celle....., etc.

Et il poursuivit. Au bout d'une heure, comme il réfutait la cinquante-huitième opinion erronée sur les causes du malaise social, un des juges prit encore la parole et dit :

— Au nom du Ciel! avocat, arrivez au testament.

— Vous me voyez, Messieurs, dit l'avocat, dans un triste étonnement ; je ne sais comment concilier le respect que je dois à la cour avec l'indignation qui déborde de mes lèvres! Eh! quoi, Messieurs, les puissans ennemis de mon client ont-ils donc réussi, par leurs manœuvres perfides.....

— Mon bon Monsieur, dit Vilhem, je n'ai

pas d'ennemis, que je sache; je ne connais personne ici et personne ne me connaît.

— ...par leurs astucieuses menées, poursuivit l'avocat, à faire taire la voix de la justice, à pousser des magistrats à refuser d'entendre une cause qui intéresse tous les honnêtes gens. Je proteste encore, Messieurs, contre la violence qui m'est faite, et je n'abandonnerai pas le malheureux dont on a juré la perte. Si l'on veut m'imposer silence par la force, on n'arrachera d'ici que les lambeaux de mon corps, et on souillera de mon sang le sanctuaire profané de la justice.

— Mais, Monsieur, dit Vilhem au procureur, quelle mouche pique cet homme? Que veut-il qu'on fasse de son corps et de son sang? Et pourquoi cet étalage d'héroïsme ampoulé? A coup sûr, les injures qu'il adresse aux juges vont me faire perdre ma cause.

— Monsieur, dit le procureur, il faut bien qu'il profite de cette occasion de montrer son indépendance; et c'est une plaidoirie bien remarquable.

— Monsieur, dit Vilhem en tirant encore l'avocat par son habit, je vous défends de continuer sur ce ton.

— Oui, homme naïf et bon, s'écrie l'avocat, je conçois vos craintes devant la corruption et la tyrannie ; mais rassurez-vous, je ne vous abandonnerai pas.

— La cinquante-neuvième opinion que j'ai à réfuter.....

Vilhem sortit de l'audience.

Une heure après, il apprit qu'il était condamné avec dépens.

C'est un beau plaidoyer, disait le public en sortant de l'audience.

Comme Vilhem, d'après son habitude, profitait d'un rayon de soleil pour fumer à la porte de la maison qu'il habitait, plusieurs personnes, en passant devant lui, le regardèrent avec dédain, d'autres le saluèrent affectueusement; mais tout le monde, le soir, disait dans la ville:

Avez-vous vu l'héritier de la vieille Marthe? il a des façons bien vulgaires

Le lendemain, Vilhem n'osa pas fumer dehors.

Toutes sortes de marchands et de fournisseurs vinrent lui faire des offres de service.

Ses cousins, ses adversaires dans le procès relatif au testament, racontaient à tout le monde quelle avait été jusque-là son existence.

Et le pauvre Vilhem, qui jamais de sa vie ne s'était trouvé malheureux, commença à croire qu'il avait jusque-là été le plus infortuné des hommes.

Puis, comme tout le monde, dans la ville, paraissait le connaître, presque sans se l'avouer il serra un peu plus sa cravate et s'efforça d'en rendre le nœud plus gracieux ; il plaça son chapeau sur sa tête avec plus de soin, et fit rapprocher les boutons de son habit pour qu'il dessinât mieux ses formes et sa taille.

C'étaient des soins et des soucis que Vilhem n'avait jamais eus. Joignez à cela les assignations à déchiffrer et toutes les paperasses des hommes de loi, qui, si on prenait leur verbiage à la lettre, ont toujours l'air d'être en droit et en dispositions de vous faire trancher la tête; tout cela fatigua tellement Vilhem, qu'un matin il partit sans rien dire et retourna à Étretat.

Il trouva maître Kreisherer étendu dans son grand fauteuil; devant lui était la petite table, et, sur la petite table, le pot de gros cidre et les deux verres que Thérèse n'avait pas cessé d'y mettre par habitude, quoique, depuis plusieurs jours, Vilhem eût laissé sa place vide.

Vilhem reprit sa place à l'autre coin de la cheminée.

— Maître Kreisherer, dit Vilhem, je vous trouve justement aujourd'hui comme je vous ai laissé il y a une semaine. Vous êtes sage et heureux. Pour moi, je n'ai jamais été si malheureux. Je suis devenu honteux de ma pauvreté passée, humilié de mes modestes vêtemens, désireux de la ridicule parure des jeunes gens à la mode, envieux des regards que les femmes laissent tomber sur eux; je n'ose plus fumer dans la rue, et je crains de garder sur moi l'odeur même du meilleur tabac : depuis une semaine, j'ai fait tant de folies qu'il faudrait un mois pour les raconter. Voyez, j'ai fait serrer mon habit pour dessiner ma taille, mes cheveux sont presque frisés ; par vanité, j'ai fait l'aumône à des pauvres qui, à coup sûr, ont plus d'argent que moi, puisque je n'en ai pas du tout. Je suis arrivé au point de marcher prétentieusement et de m'inquiéter de l'impression que je peux faire aux passans ; et je ne suis pas bien sûr de n'avoir pas fait un jeu de mots avant-hier.

Depuis que j'ai hérité, on m'a accusé d'être faussaire et captateur de testamens ; on a fouillé dans ma vie pour médire de moi et me calomnier. Tout le monde a pris sur moi des droits plus ou moins impertinens ; chacun juge ce que je fais et ce que je ne fais pas. On prétend que j'ai à remplir, envers la société, des devoirs dont jusqu'ici on ne m'avait jamais parlé. Chacun veut m'imposer sa folie particulière, et m'appeler sage à condition que je serai fou comme lui, ou du moins que je serai fou à son profit. Un soir, je me suis couché sans souper, parce que je n'avais d'argent que pour souper chez un mauvais cabaretier, et que je craignais d'être vu en entrant ou en sortant. On me fait lire des griffonnages menaçans auxquels il m'est impossible de rien comprendre; on me fait entendre des oraisons funèbres, et on me force de payer un avocat qui, au lieu de parler de ma cause, insulte les juges et me fait condamner; et des gens que je n'ai jamais vus m'écrivent et m'appellent leur ami.

Ainsi, je me suis enfui ce matin en maudissant la mémoire de ma tante Marthe; et j'aimerais mieux mourir que de remettre jamais les pieds à Fécamp, théâtre des plus grands malheurs qui aient tourmenté ma vie.

Je reprends mon indépendance et ma pauvreté; j'abandonne mon funeste héritage aux procureurs, aux amis, aux huissiers, aux cousins. Quand j'étais pauvre, je n'étais qu'un homme, je ne devais compte de mes actions, de mes opinions, de mes pensées, à personne; riche, je deviens citoyen; on circonscrit mes idées dans les limites des intérêts de ma ville; je me trouve intéressé à une foule de choses dont je ne m'occupais pas : une émeute d'ouvriers, le vent soufflant de l'ouest, une fausse nouvelle répandue par des agioteurs; tout cela prend de la gravité pour moi, et me donne le désir de lire la gazette.

Adieu à ma fortune et à tous les soucis qu'elle m'apportait, et, maître Kreisherer, buvons à mon heureuse délivrance.

— Mais, mon ami Vilhem, dit maître Kreisherer, c'est une étrange folie d'abandonner ainsi la fortune que le sort vous envoie, sans en tirer le moindre bénéfice pour le présent ou pour l'avenir.

— Vous avez raison, maître Kreisherer, dit Vilhem; aussi je vous donne, si vous voulez, ma fortune et mes procès pour quinze bouteilles de cette excellente bière blanche que nous buvions autrefois à Utweiler, et qui se brassait à Sarrebrucken, à l'extrémité de Thal Strage.

Je parle sérieusement, répondit Vilhem au

sourire du maître de musique et de sa fille ; je vous jure sur l'honneur que je parle sérieusement. Le voulez-vous?

— Non, dit maître Kreisherer ; je n'ai besoin de rien, et les soucis de la chicane n'ont que faire dans ma maison. Ma fille Thérèse trouvera un mari ; je gagne tout autant d'argent qu'il m'en faut, et j'ai quelques économies pour subvenir aux besoins imprévus.

Mais vous, mon ami Vilhem, vous n'êtes pas à beaucoup près dans la même situation, et vous devriez vous assurer au moins les premiers besoins de la vie.

Vilhem sortit.

Pour la dernière fois de sa vie, il allait chez un homme d'affaires à Vatteau, près de l'église.

Après lui avoir montré une copie du testament et les papiers nécessaires, il lui dit : — Combien, Monsieur, pensez-vous que soixante mille francs puissent me faire de revenu ?

— A peu près trois mille francs.

– Fort bien. Combien pensez-vous que peut coûter, par an, la nourriture, le logement et le vêtement d'un homme comme moi?

A savoir : l'été, un pantalon et une veste; l'hiver, un pantalon, une veste et un paletot.

Pour la nourriture, du bœuf rôti, des pommes de terre et du cidre.

— A peu près mille francs.

— On ne peut mieux. Alors, quoique mon affaire soit présentement en litige, vous pensez que celui qui prendrait mon héritage, à la charge de me nourrir et m'habiller pendant toute ma vie, ferait une bonne affaire?

— Si bonne, Monsieur, que, vous voyant jouir de toutes vos facultés mentales, je ne puis supposer que vous ayez la moindre pensée de faire un marché aussi fou.

— C'est cependant ce que je veux faire, et avec vous, si vous le trouvez bon; seulement, j'aurai de plus quelques petites exigences en manière de pot-de-vin.

L'homme d'affaire regardait Vilhem Girl d'un air stupide et hésitant.

— Allons, Monsieur, dit Vilhem ; veuillez écrire.

Et il dicta.

« Entre nous soussignés, Vilhem Girl et
« M. Streitz, homme de loi, a été convenu ce
« qui suit :

« Moi, Vilhem Girl, je cède à M. Streitz tous
« mes droits à l'héritage de défunte Marthe
« Leben, droits évalués à soixante mille
« francs.

« A la charge, par lui, de me nourrir et de
« me vêtir ainsi qu'il suit :

« 1° Au mois de mai et au mois d'octobre de
« chaque année, j'aurai un vêtement neuf con-
« venable pour la saison ; le linge, etc.

« 2° Chaque jour, à l'auberge qu'il me plaira

« de choisir, je pourrai manger du bœuf rôti et
« des pommes de terre à l'eau, sans aucune res-
« triction, et boire une pinte de gros cidre.

« 3° Le dimanche, je pourrai inviter un ami
« à dîner avec moi; ce jour, bien entendu, on
« doublera le bœuf et les pommes de terre à
« l'eau, et j'aurai droit à deux pintes de cidre,
« et de plus à une demi-pinte de genièvre.

« 4° M. Streitz me fournira le tabac nécessaire
« à ma consommation, sans pouvoir me faire
« aucune observation sur la quantité que j'en
« emploierai, attendu que je prétends me réser-
« ver la faculté de remplir la pipe d'un ami
« quand l'occasion s'en présentera. Le tabac
« sera le meilleur possible. M. Streitz sera tenu
« de me fournir une pipe neuve chaque fois
« qu'il m'arrivera de casser la mienne : substi-
« tution qui se fera sur la vue des morceaux de
« la pipe cassée, sans qu'il puisse, sous aucun
« prétexte, être apporté le moindre retard à
« l'exécution de cette clause.

« 5° M. Streitz, demain matin, enverra de

« ma part à maître Kreisherer, le maître de
« musique, deux barriques de vieux cidre et
« une de genièvre, et à sa fille Thérèse un col-
« lier de trois cents francs.

« 6° et dernier article. M. Streitz tiendra à
« ma disposition deux mille francs.

« Fait double entre nous soussignés,
« à Vatteau. »

Voilà, dit en s'en allant Vilhem Girl, une bonne affaire faite en peu de temps ; j'ai tous les avantages de la fortune sans être riche.

Bénie soit ma tante Marthe !

Mais ce bonheur ne dura pas long-temps.

Un jour, comme Vilhem fumait sa pipe aux quelques rayons d'un pâle soleil qui perçait les nuages gris, deux hommes l'abordèrent presque à la fois, dont l'un lui remit une lettre, et l'autre le pria de lui porter une petite malle.

Vilhem répondit poliment qu'il ne faisait plus de commissions; que, cependant, sans ce rayon de soleil, qui allait durer si peu de temps qu'il n'osait s'absenter dans la crainte de ne plus le trouver à son retour, il lui aurait porté sa malle par pure obligeance. Puis il décacheta la lettre et la lut rapidement.

C'était une lettre de M. Streitz, qui lui annonçait que, forcé par une faillite frauduleuse de faire faillite lui-même, il avait le regret de l'avertir qu'il ne devait plus compter ni sur son argent, ni sur la pension qu'il lui faisait au terme de leurs conventions.

A cette nouvelle, Vilhem pouvait faire toutes sortes de choses:

Courir chez M. Streitz pour prendre des informations; mais il pensa qu'il ne faut douter que des bonnes nouvelles;

Jurer de tous les jurons connus et même en improviser quelques uns; mais il songea que les jurons n'ont aucun charme magique qui évoque les débiteurs fugitifs;

S'arracher les cheveux,

Trépigner et se donner des coups sur la tête; mais il réfléchit que ce serait simplement ajouter un mal à un autre;

Rester abasourdi et stupéfié; mais cela ne remédie à rien;

Accuser le Ciel d'injustice; mais on pourrait alors l'accuser d'une niaise fatuité, de croire que le Ciel lui devait quelque chose ou s'était laissé constituer gardien des quelques florins de sa tante Marthe;

Souhaiter toutes sortes de maux au banqueroutier; mais, en admettant que les souhaits fissent quelque chose, il vaudrait mieux lui souhaiter de l'argent qu'il pût rendre à son créancier;

Aller exciter la commisération en racontant son malheur; mais personne ne lui refuserait ni consolations ni conseils; plusieurs même lui prouveraient que tout s'est fait par sa faute, et lui diraient : Je l'avais bien dit; mais personne ne lui offrirait un groschen;

Ou courber la tête et offrir cette croix à Dieu; mais Dieu n'en avait que faire et ne lui donnerait rien pour cela.

Vilhem mit sa pipe dans sa poche, courut après le premier homme qui lui avait parlé, et lui dit : — Je vais vous porter votre malle.

De sa fortune passagère, Vilhem Girl avait conservé la petite maison qu'il s'était fait construire.

A gauche d'Étretat, sur le plus haut point de la falaise, à une telle hauteur que, de la plage, un goëlan, grand comme un cygne, semble à peine de la grosseur d'un pigeon, est une plate-forme isolée qui s'avance sur la mer; devant, à droite, à gauche, c'est un précipice de trois cents pieds de profondeur; un chemin si étroit, qu'on n'y pourrait passer deux de front, unit seul cette plate-forme à la terre; c'est une sorte d'île dans l'air. Aujourd'hui encore, on y voit quelques restes d'une muraille fortement construite, et une petite hutte de pierre.

C'est là que Girl avait choisi sa demeure; depuis, on en a fait un poste de douaniers, puis on a abandonné la place; la vue s'étend au loin sur la mer; à gauche, du côté du Hâvre, à droite, vers Dieppe. Par un temps clair, on voit la mer presque tout autour de soi à une distance de huit ou dix lieues; la maison de Vilhem était basse pour n'être pas emportée par le vent; elle se composait d'une seule chambre fort simplement décorée, mais cependant pittoresque et agréable. Dans un des angles était suspendu un hamac en écorce de latanier, qui lui servait de lit. Une table et un grand fauteuil composaient tout l'ameublement.

Aux murailles pendaient des seines et des filets, deux fusils, une poire à poudre et un carnier.

Sur la table étaient deux verres, une bouteille revêtue d'osier et contenant du genièvre, du papier, de l'encre, des plumes. A terre, étaient des nattes de jonc, et, dans un coin, une peau de loup sur laquelle se couchait Schütz, le terre-neuvien.

Vilhem s'était remis complètement au travail : il faisait des commissions pour les maréyeurs; il pêchait des homards dans des *tambours* qu'il plaçait dans les excavations des falaises à la marée basse. Il chassait et tuait des perdreaux dans la saison; c'était aussi lui qui rédigeait les discours de monsieur le maire et les allocutions du capitaine de la garde nationale. Quand la chasse, la pêche, les commissions ou l'éloquence lui avaient rapporté quelque argent, son cœur s'épanouissait; il passait des jours entiers sans sortir de chez lui, à regarder la mer, à contempler les nuages, à suivre du regard le vol capricieux des grandes mouettes blanches aux ailes noires; ne se donnant de mouvement que pour remplir sa pipe de temps à autre. Il disait alors: Pourquoi se donner du mouvement pour le mouvement lui-même? faisons quelque chose de meilleur que le repos, ou tenons-nous tranquilles.

Presque tous les soirs, il descendait chez maître Kreisherer, boire quelques verres de gros cidre, fumer encore, et écouter la musique de son pays que lui rappelaient heureusement le clavecin de maître Kreisherer, la harpe et la voix de Thérèse. Peu de personnes étaient admises en surplus dans leur intimité. Cette petite colonie allemande s'était fait une patrie de la maison du maître de musique. Il y avait quelques jours cependant où Vilhem n'y paraissait pas; c'étaient les jours où s'assemblait le conseil municipal pour délibérer et discuter sur les intérêts de la commune. Maître Kreisherer, en sa qualité de maître d'école, était naturellement secrétaire du conseil, et c'était chez lui qu'avait lieu la réunion.

L'aristocratie du pays se composait de monsieur le maire autrefois pharmacien près du Hâvre, alors retiré dans une ferme qu'il avait achetée et qui lui rapportait bien près de deux mille francs par année. Le lieutenant commandant le poste de la douane, dont les appointemens s'élevaient à 1,200 livres, et un monsieur Bernard, propriétaire d'un bateau de pêche et d'un basset à jambes torses. Gardez-vous néanmoins de prendre M. Bernard, pour un marin : M. Bernard avait acheté un bateau au lieu d'acheter une maison, parce que les habitans d'Étretat sont plus curieux de bateaux que de maisons, et qu'une maison lui eût à peine rapporté deux pour cent de son argent, tandis que son bateau, qui lui coûtait mille écus, lui donnait quelquefois pour sa part cinq cents francs à l'époque de la pêche du maquereau, et six ou sept cents lorsque venait celle du hareng. Les avaries et les réparations étaient à sa charge; mais, tout compte fait, il lui restait encore de quoi vivre agréablement. Du reste, il n'avait jamais mis le pied sur son bateau par crainte du mal de mer. Ces trois hauts personnages ne se voyaient pas avec une égale affection. Le douanier et le maire avaient cessé de se fréquenter à la suite d'une discussion pour un lièvre que l'un et l'autre prétendaient avoir tué. Pour M. Bernard, il avait insensiblement pris parti pour le maire et avait graduellement fini par ne plus voir le lieutenant.

Chaque matin, monsieur le maire venait sur la plage examiner l'aspect de la mer; il était généralement suivi de M. Bernard qui était suivi de son basset à jambes torses. Monsieur le maire prononçait gravement si le vent soufflait de l'ouest ou de l'est, constatait l'empiètement que la mer pouvait avoir fait sur la commune, empiètemens tellement visibles que les habitans les plus incrédules sont persuadés qu'Étretat, qui a déjà été englouti, comme le prouvent les ouvrages en maçonnerie trouvés sous le sable en creusant des caves, est destiné à disparaître encore sous la mer et sous le galet qu'elle roule. Le maire faisait des vœux pour que la mer ne continuât pas ses usurpations.

Puis, suivi de M. Bernard et du basset, il allait jouer au billard dans un cabaret, devenu aujourd'hui l'excellente auberge de Blanquet; l'enjeu était une tasse de café et le *gloria*, c'est-à-dire le genièvre que l'on mêlait au café.

La *rincette, id est* le genièvre que l'on buvait après le café, se jouait aux dominos *en partie liée*. De cette manière on arrivait à l'heure du dîner, après lequel M. Bernard, suivi de son basset, allait chez monsieur le maire faire une partie de piquet. Il y avait alors cinq ans que M. Bernard était dans le pays, et jamais il n'avait gagné contre le maire une seule partie au billard, aux dominos, ni au piquet.

Le maire était vêtu d'un vieil habit noir, d'une casquette de loutre à visière pareille, d'un pantalon marron, d'une paire de sabots le matin et d'une paire de grosses bottes le soir; invariablement on voyait pendre sur son ventre une énorme chaîne de montre avec deux cachets. Il était petit, assez gros, ses cheveux bruns grisonnaient, il avait les yeux à fleur de tête et le nez en bec de perroquet; du reste il portait la tête droite et un peu renversée en arrière; il parlait haut et montrait dans toute son attitude la satisfaction de soi-même et la confiance la plus aveugle dans ses propres lumières. Aussi, quand il chargeait Vilhem de lui écrire ses discours, se donnait-il à lui-même pour raison les graves préoccupations que lui imposait le soin du gouvernement d'une commune de 200 maisons.

M. Bernard était grand, mince, blond; il paraissait avoir trente-deux ans, il admirait fort monsieur le maire, ne le suivait par déférence qu'à trois pas derrière, distance que le basset à jambes torses gardait à son tour à l'égard de son maître; pour ledit basset il était laid et hargneux.

Si nous avons parlé ici de ces divers personnages, c'est qu'au point où nous sommes de notre histoire, le hasard ou plutôt un but commun les avait rassemblés sur la plage ou sur le *perrey*, comme on dit sur les côtes.

C'était l'époque de la chasse au guillemot[1].

---

[1] Le guillemot est un oiseau de la grosseur d'une poule, qui habite d'ordinaire les crevasses des falaises; il a le dessus des ailes noir, la tête d'un gris plombé, la gorge et le ventre blancs.

Cependant, Hugues s'ennuyait mortellement au Hâvre; il y avait bien de l'air, des arbres, des prairies; c'était bien l'asile qu'il avait rêvé pour la vertu, pour l'amour; c'est là que devait se cacher, comme une fleur mystérieuse, la beauté, sans art, sans coquetterie, ignorante, timide.

Mais il ne trouva que de grosses et grandes filles, toutes pareilles, toutes avec de grands yeux d'un invariable bleu pâle, toutes coiffées, non pas de ce majestueux bonnet cauchois qui accompagne si bien le visage; le bonnet ne se met qu'aux grands jours, mais d'un hideux bonnet de coton; assez belles au demeurant, mais, comme nous l'avons dit, si semblables entre elles, qu'il n'y avait aucune raison d'aimer l'une plutôt que l'autre. Ces filles, pensa Hugues, manquent de grâce et de délicatesse; elles n'ont de beauté que celle que donnent les pâturages; mais on peut passer sur ces légers inconvéniens, même sur celui du bonnet de coton, en songeant à la naïveté de leur âme, à la douce simplicité de leurs mœurs, à l'innocence de leur vie.

De plus près, il les trouva sottes, niaises, grossières.

De plus près, il les trouva sans pudeur, ni âme, ni sens.

De plus près . . . .
. . . .
. . . .

Et, dit le docteur, abstenez-vous de genièvre, et mettez de l'eau dans le cidre.

Il se rappela que Thérèse n'avait pas de bonnet de coton, que sa voix était douce et pure, que ses yeux étaient d'un bleu sombre.

Il monta à cheval et se mit en route pour Étretat.

C'était pour l'étudiant une image toute poétique que celle que lui offrait le souvenir de Thérèse; il s'y mêlait toujours l'impression que lui avaient faite l'aspect de la mer et la musique neuve et harmonieuse qu'il avait entendue dans l'église. L'amour qui s'était glissé au moins dans sa tête avait quelque chose de grand à la fois et de mystique.

Il laissa son cheval chez le meunier qui occupait alors un moulin au dessus d'Étretat.

En entrant dans la commune, il rencontra Moïse Aubry; il lui prit le bras, et tous deux passèrent sous la fenêtre de Thérèse. L'étudiant, à moitié involontairement, éleva un peu la voix à ce moment en jetant les yeux sur les pampres qui ombrageaient la maison. A l'extrémité du chemin, il revint sur ses pas, tenant toujours le bras de Moïse Aubry; pour avoir un prétexte de rester ainsi dans la rue, il lui offrit un excellent cigare, l'invita à déjeuner, et tous deux restèrent plus d'une heure à se promener, passant et repassant devant la maison de Thérèse.

Thérèse, qui tricotait à la fenêtre, avait reconnu l'étudiant et s'était sentie rougir lorsque leurs regards s'étaient rencontrés; aussi eut-elle soin, chaque fois qu'il repassa devant elle, de tenir ses yeux baissés, ne le regardant qu'après qu'il avait un peu dépassé la maison et ne pouvait s'apercevoir de l'attention qu'elle lui donnait. Son cœur battait et sa respiration était gênée quand elle le *sentait* approcher; ce n'était encore que de la gêne et de l'embarras, une sorte même de sentiment répulsif, parce que toute impression nouvelle est toujours un peu douloureuse.

Seulement, comme deux ou trois fois elle avait levé les yeux trop tôt et qu'elle avait rencontré un regard qui la troublait étrangement, elle imagina un moyen d'éviter cet inconvénient. Le tricot qu'elle tenait à la main avait soixante-dix mailles de tour; elle remarqua que Hugues, après avoir dépassé la maison et gagné le bout du chemin, se retrouvait devant la maison lorsqu'elle en était à la soixantième maille; une fois cette découverte faite, il lui fut facile de ne plus commettre d'erreur et de ne regarder l'étudiant qu'au moment où il ne pouvait la voir.

Il vint un moment, où Hugues ne revint plus; où Thérèse, levant les yeux à la soixantième maille, ne le vit pas devant la maison ni dans la rue; alors elle posa le tricot sur une table et demeura rêveuse sans savoir si elle était triste ou gaie, le cœur gonflé, prête à pleurer, mais cependant ne craignant rien tant que l'arrivée de quelqu'un qui viendrait l'enlever à ses mystérieuses sensations.

A marée baissait visiblement; il était à peu près neuf heures du matin, et l'on se trouvait dans le premier quartier de la lune. La mer devait conséquemment être tout-à-fait basse vers dix heures. M. le maire était sur le galet, mais sans M. Bernard.

M. Bernard montait la côte, après avoir demandé qu'on lui indiquât la demeure de Vilhem Girl.

M. Bernard était abandonné de son basset Roland, absolument comme M. le maire était abandonné de M. Bernard; M. Bernard, comme nous l'avons dit, était à M. le maire ce que Roland était à M. Bernard.

M. le maire était armé d'un fusil, d'un carnier et d'une poire à poudre; deux jeunes marins faisaient glisser un canot sur le galet, pour le mettre à la mer. Un second canot était à sec sur la plage; les autres bateaux étaient à la mer. Il soufflait depuis le matin un frais vent d'est, celui qui se soutient le mieux, et, par conséquent est le plus favorable à la pêche du maquereau que l'on prend avec de longues lignes qui pendent à l'arrière du bateau qui fuit à toutes voiles. Il n'y avait pas alors, comme aujourd'hui, dix-huit bateaux échoués sur le galet d'Étretat; dix bateaux seulement appartenaient à la commune, plus le canot de M. le maire et celui de Vilhem Girl.

Après déjeuner, pendant lequel Hugues n'avait pensé qu'à Thérèse, il lui vint en l'esprit un moyen de s'aboucher avec Vilhem, par l'entremise duquel il espérait toujours approcher Thérèse. Moïse-Aubry lui avait dit que Vilhem péchait les plus beaux homards de la côte; il n'y avait rien d'aussi simple que d'aller acheter des homards à un pêcheur de homards, et l'on ne courait aucun risque d'être mal reçu.

Aussi se mit-il de son côté en route pour gagner la maison de Vilhem. Comme il montait la côte, il rencontra le gros homme qui lui avait parlé à l'église. Celui-ci le salua, et s'arrêta un moment comme un homme qui n'avait aucune répugnance à entrer en conversation; mais Hugues lui rendit poliment son salut et continua sa route sans s'arrêter.

Quand il entra chez Vilhem, il le trouva couché dans son hamac, les yeux fixés sur la mer : elle était à peine ridée par le vent; l'horizon était entouré d'une ceinture de vapeurs rougeâtres, et la mer semblait d'un bleu sombre; à peine quelques mouettes se montraient à une grande hauteur. Par moment on voyait, presque dans les vapeurs de l'horizon, glisser un petit navire, qu'un œil moins exercé que celui de Vilhem eût pris pour quelque goëland posé sur l'eau, mais qu'il lui était facile, à la forme de la voilure, de reconnaître pour un chasse-marée allant du Hâvre à Dieppe.

Hugues, en entrant, se hâta d'exposer le sujet de sa visite. Vilhem allait péniblement sortir de son hamac, lorsque quelqu'un entra sans frapper; ce quelqu'un était M. Bernard, un peu plus cramoisi qu'il n'appartient à l'homme dans son état normal. Vilhem fronça le sourcil, visiblement contrarié de cette manière peu cérémonieuse d'entrer chez lui; M. Bernard prit la parole:

—Ah ça, maître Vilhem, dit-il, il est fort désagréable, vous me l'avouerez, que votre énorme dogue se permette sous mes yeux de saisir mon chien Roland par la peau du cou, et de l'emporter en le forçant de courir avec lui, au point de me le faire perdre de vue, de telle sorte que Roland, depuis une demi-heure, n'a pas reparu, et que M. le maire et moi nous ne pouvons nous mettre en route pour la chasse aux guillemots que M. le maire a résolu de commencer aujourd'hui.

— M. Bernard, dit froidement Vilhem, mon chien ne peut être sans injustice qualifié de dogue: ses pattes palmées, sa gueule noire à l'intérieur, témoignent assez de la pureté de sa race, et vous me faites un sensible déplaisir en vous exprimant aussi cavalièrement sur son compte. Pour ce qui est de ses relations avec votre basset, vous ne me contesterez pas que ledit basset ne soit le chien le plus hargneux du pays; et mon Terre-Neuvien ne fait d'ordinaire attention à lui que lorsque votre Roland l'y oblige par ses insultes et ses attaques multipliées; néanmoins, comme je ne pense pas que le cas soit assez grave pour que Schütz ait cru devoir le manger, nous allons le retrouver.

— Il n'est pas difficile de le retrouver, répliqua M. Bernard de l'air du monde le plus accablé, maintenant je sais parfaitement où est Roland.

— Pourquoi alors le réclamez-vous ?

— Il a réussi à échapper à la gueule de votre ours, et s'est tapi dans le creux d'une roche, dont l'ouverture est trop étroite pour que son ennemi l'y puisse suivre; mais votre bête féroce est couchée devant l'entrée de la retraite de mon pauvre Roland qui ne laisse voir que le bout de son nez et tremble de tous ses membres sans oser sortir.

Vilhem se leva, et, se tournant vers Hugues :
— Monsieur, lui dit-il, la mer est basse, nous pourrons voir des homards à mon réservoir; il décrocha son fusil, mit la poire à poudre dans sa poche, prit du plomb du numéro quatre et sortit devant.

Quand il fut dehors, il mit deux de ses doigts dans sa bouche et fit entendre un sifflement aigu; quelques minutes après, le grand chien noir et blanc parut; il lécha la main de son maître et marcha à son côté.

Vilhem alors descendit la côte d'un pas rapide.

— Hé! maître Vilhem, dit M. Bernard, vous allez horriblement vite.

— Votre chien est libre, reprit Vilhem, vous n'avez plus besoin de moi, et je ne me permettrais pas d'avoir l'air d'être de votre compagnie. Il salua M. Bernard et continua en se parlant à lui-même : D'ailleurs je veux aussi chasser aux guillemots, et j'espère que M. le maire et M. Bernard ne me seront pas pour cela inutiles.

Pendant le chemin, Hugues tenta plusieurs fois inutilement de faire *causer* Vilhem.

On arriva à la plage : la mer était retirée et laissait un grand espace à découvert entre elle et la falaise. Cet espace était pavé de roches blanches et polies comme du marbre, entre lesquelles végétaient des warecks et des algues de différentes formes. Cette sombre verdure de l'Océan paraît noire au premier coup d'œil, mais si on la regarde en transparent, elle est du vert de l'émeraude, du violet de l'améthyste, du pourpre du rubis, et aussi éclatante que ces pierreries; quelques algues sont capricieusement découpées, et ressemblent à quelques unes des plantes terrestres, d'autres sont comme de longs lacets de plusieurs brasses de longueur, d'autres comme de larges et longs rubans, d'autres semblent des mains dont les doigts se prolongent au loin.

Une mousse fine et déliée, mais dure à la main, recouvre certaines roches d'un rose mat. Dans les parties où l'eau est restée dans des trous, on voit flotter une autre mousse d'un beau pourpre; dans la falaise, la mer a creusé des grottes, le bas est dallé de roches de marbre blanc; les parvis auxquels pendent de longues algues sont tapissés d'une mousse épaisse qui leur donne l'aspect d'être tendus de velours violet; dans quelques uns est un sable si fin qu'il passerait sans rien laisser au travers d'un tamis de soie.

Vilhem leva des planches fixées par une barre de bois et un cadenas; ces planches fermaient un trou péniblement creusé dans le roc où il enfermait son poisson; à la marée haute, le poisson, quoique prisonnier, avait de l'eau fraîche; quand la mer se retirait, elle en laissait toujours plein l'excavation.

Il montra des homards à Hugues qui en choisit quelques uns et les paya.

Vilhem referma son réservoir, et se dirigea vers son canot.

VI le maire aux yeux de M. Bernard et à ses propres yeux était le plus fort tireur de la commune; pour les autres, il avait au moins un rival dans Vilhem, rival peu redoutable relativement au profit de la chasse, attendu que

Vilhem ne chassait pas quatre fois l'an ; mais extrêmement nuisible aux intérêts d'amour-propre et à la réputation de M. le maire.

Aussi, quand celui-ci aperçut Vilhem avec un fusil, il se donna l'air le plus imposant qu'il put imaginer, et lui dit : — Oh! hé! maître Girl, je ne pense pas que vous ayez fantaisie de venir encore aujourd'hui tirer sur mon gibier; la côte est longue, la plaine est large, je ne vois pas pourquoi vous chasseriez du même côté que moi.

Girl ôta son bonnet. Je n'ai nullement, dit-il, l'intention de tirer sur le gibier de M. le maire; M. le maire est trop adroit pour que semblable chasse me fût bien profitable; j'ai le projet de gagner le large, et si mon canot vous paraît dans une demi-heure plus gros que votre chapeau, je consens à ne jamais tirer un coup de fusil de ma vie.

— Hé bien, maître Girl, répliqua M. le maire, bonne chance et bon vent.

— Pour ce qui est du vent, dit maître Girl,

il ne saurait être meilleur; pour la chance, il n'y en a pas pour un bon chasseur.

Il salua M. le maire, remit son bonnet de laine sur sa tête, fit signe à Schütz qui sauta dans le canot, puis il disposa sa voile. — Aujourd'hui le canot de Vilhem Girl n'aurait rien de remarquable à Étretat, mais alors il était le seul qui eût une voile tannée ; c'est-à-dire teinte en brun au moyen d'une décoction d'écorce de chêne. Ce procédé triple la durée de la toile, comme on s'en est assuré aujourd'hui que toutes les voiles d'Étretat subissent cette opération; mais on prenait alors cela pour une simple bizarrerie, et personne n'y faisait attention. Girl chercha des yeux sur la plage s'il ne verrait pas quelque enfant pour l'aider à la manœuvre quand il tirerait; mais tous les bateaux étaient sortis, et tout le monde avec.

Outre le maire et M. Bernard qui était arrivé avec son basset, il y avait encore sur le galet Hugues qui était revenu, et le gros homme blond. Comme il saluait Hugues et lui disait, comme à la première fois qu'il l'avait vu : Monsieur me paraît étranger? Girl cria : Maître, si vos mains ne s'écorchaient à la seule pensée de toucher un aviron, je vous aurais engagé à m'accompagner pour m'aider, car tous nos oiseaux sont à la mer.

Hugues s'approcha du canot, et dit : J'ai les mains plus calleuses, et, si vous voulez bien de mon secours, je serai enchanté de sortir par ce beau temps.

Girl salua en ôtant son bonnet; puis, appuyant son épaule sur le canot, il le fit glisser sur les galets criards avec une facilité que n'avaient pas eu les deux hommes qui avaient mis à flot l'embarcation de M. le maire. Celui-ci fit tourner le cap vers la gauche, et passa au raz de l'aiguille, au-delà de la grande arche, immense ogive naturelle qui s'élève à la gauche du perré, et sous les arceaux de laquelle la mer basse permettait de passer à pied sec sur un chemin de pointes de roches couvertes de warechs glissans et de galets roulant sous les pieds.

Pour Girl, il fit signe à Hugues d'entrer dans le canot; lui-même y sauta légèrement, s'éloigna du bord avec une gaffe, et le vent d'est enflant la voile, entraîna rapidement le canot au large et cependant vers Antifer, c'est-à-dire dans la direction qu'avaient prise M. le maire et M. Bernard.

Au bout d'une demi-heure, ainsi qu'il l'avait promis, son canot ne paraissait de terre guère plus gros qu'une grosse mouette posée sur l'eau, et sa voile se dessinait en noir sur l'horizon.

Hugues et Vilhem ne tardèrent pas à entendre un coup de fusil, puis un second.

Vilhem sourit et dit : Voici M. le maire qui me rabat mon gibier comme je m'y attendais bien.

En effet, peu de temps après, cinq ou six guillemots, volant lourdement, vinrent s'abattre auprès du canot. Girl tira, deux restèrent sur la place, les autres s'envolèrent en criant. Schütz se jeta à l'eau, et rapporta un des oiseaux que son maître lui prit de la gueule; puis il alla chercher l'autre. Vilhem alors prit le chien par la peau du col et le fit rentrer dans le canot; il se secoua et couvrit d'eau ses deux compagnons. — Tenez, dit Girl à Hugues, mettez ce paltot par dessus vos habits, et il lui donna une grosse veste à capuchon.

Une seconde explosion se fit entendre, et de nouveaux guillemots gagnèrent le large; leurs petites ailes leur rendent le vol fatigant, et ceux-ci paraissaient plus fatigués ou plus défians que les premiers, car ils s'abattirent avant d'arriver à portée du fusil. Vilhem fit courir une bordée au canot, et deux oiseaux vinrent encore prendre place près des autres.

— Ce cher M. le maire, dit Vilhem en rechargeant son fusil, il tirera bien tout le jour sans tuer grand chose, ces diables de guillemots sont assez avisés pour se cacher au plus haut des falaises, et les coups qu'on tire là bas n'ont guère d'autres effets que de les faire lever et de les envoyer par ici. A moins que quelques chevrotines égarées ne se glissent sous les plumes grises d'un paresseux, Roland ne se mouillera pas un poil, et M. le maire ne rentrera pas dans ses frais de poudre et de plomb.

Girl tira sa gourde au genièvre, but, l'essuya avec sa manche et la passa à l'étudiant. A chaque fois qu'on entendait un coup de fusil, il lui échappait un sarcasme contre M. le maire.

Merci, voici les guillemots.

Tirez, tirez, à deux cent quarante pieds en hauteur.

Amusez-vous.

Je crois réellement que M. le maire, au lieu de chevrotines, met des œufs de guillemots dans son fusil, et que la poudre les fait éclore en l'air.

En effet, en quelques heures Girl eut tué une quarantaine d'oiseaux.

Le soleil en la belle saison se couche à l'ouest nord-ouest d'Etretat, c'est-à-dire presque en face de la bourgade. L'horizon commençait à se colorer de vapeurs orangées.

Vilhem se mit à courir des bordées pour revenir, mais le vent qui, comme nous l'avons dit, soufflait de l'est, c'est-à-dire de la terre un peu sur la droite, rendait cette manœuvre longue et difficile ; aussi Vilhem cargua sa voile, et, montrant à Hugues comment il devait se servir de la rame, il en prit également une, et tous deux revinrent à terre.

Chemin faisant, Hugues risqua quelques questions sur Thérèse.

C'est la fille de mon ami, dit Vilhem, elle est belle et sage : Dieu veuille que cela dure, et cela durera si on suit mes conseils et si on ne laisse pas d'étrangers s'introduire dans la maison.

Hugues, à ces mots, lâcha de découragement l'aviron qu'il tenait dans les mains.

En effet, sa peine était perdue, il n'y avait aucun espoir que Girl consentît à le rapprocher de Thérèse ; il regarda ses mains rougies par la rame et ne dit plus un mot jusqu'au retour.

La marée montait alors, ce qui rendait plus

facile de lutter contre l'action du vent; quand ils eurent mis pied à terre, ils virent sur la rive M. le maire, M. Bernard et le basset Roland.

M. le Maire avait tué deux guillemots ; M. Bernard, de même qu'il n'avait jamais gagné une seule partie aux dominos, au piquet et au billard, n'avait jamais non plus de mémoire d'homme tué une seule pièce de gibier. L'affection que lui portait M. le maire eût pu facilement s'attribuer à sa nullité en tout genre, qui faisait ressortir en relief et avec une sorte d'éclat la quasi-nullité du magistrat municipal.

A l'aspect de Schütz, Roland s'était couché en tremblant derrière son maître. M. le maire, à la vue de Girl chargé de gibier, avait pincé les lèvres.

Girl ôta son bonnet, et proposa à M. le maire de lui vendre la chasse : le maire voulut tout prendre.

— Non pas, dit Vilhem, de ces oiseaux, deux sont destinés à mon ami, maître Kreiskerer qui me donnera à souper, deux appartiennent de droit à ce jeune homme, ajouta-t-il en désignant l'étudiant, qui rame assez mal, mais qui est plein de bonne volonté.

Comme un jour, chez son père, Hugues dessinait pour la huitième fois une vache en *raccourci*, il avisa que les falaises d'Étretat, les cavernes qu'elles renferment, les portes d'amont et d'aval, immenses cathédrales contre lesquelles se brise la mer, lui offraient des sujets qui n'auraient pas été à négliger quand rien autre ne l'eût attiré à la côte. Il annonça donc qu'il serait deux jours absent, et il se mit en route avec sa boîte à couleurs. Il arriva à Étretat le samedi soir et retint une chambre à l'auberge, après avoir passé deux fois sous la fenêtre de Thérèse. On lui remit ses homards qu'il avait négligé d'emporter et qui n'avaient plus le degré de fraîcheur désirable; il en fit présent au garçon d'auberge qui les jeta à un chien.

Il repassa encore sous la fenêtre de Thérèse, mais elle n'y était plus; il continua sa route jusqu'à la mer: c'était l'heure où les femmes sont à la fontaine.

Il serait plus exact de dire qu'il n'y a pas d'heure à Étretat; les repas, les occupations, les travaux, les plaisirs dépendent de la marée haute ou de la marée basse. Ainsi, tant que la mer est haute, c'est-à-dire tant qu'elle touche les falaises, il n'y a aucun moyen d'avoir de l'eau douce dans le pays. La mer basse laisse à découvert deux sources d'une eau douce, excellente, qui sortent de terre à travers le galet. C'est là que l'on va

prendre le peu d'eau qui se boit dans le pays;
c'est aussi là que les femmes vont laver le linge,
attendu, ce que vous n'êtes pas forcé de savoir,
que le savon ne se dissolvant pas dans l'eau
salée, elle ne peut être employée à cet usage, et
que d'ailleurs elle ne sèche pas.

A l'heure où la mer, en descendant, découvre
les sources, presque toutes les femmes du pays
arrivent avec leur linge; elles font, au moyen de
leur battoir, un bassin en écartant le galet; puis
elles se mettent à genoux et travaillent jusqu'à
l'heure où la mer revient prendre possession de
son lit. L'époque du mois et la saison font beaucoup varier le moment des séances à la fontaine.

Pendant le premier et le dernier quartier de la
lune, on dit qu'on est dans la *morte eau*, c'est-à-dire que les marées sont moins fortes, que la mer
descend moins bas et monte moins haut. A ces
époques, à moins d'un vent violent soufflant
du large, il y a, dans les falaises, plusieurs endroits qui peuvent servir d'asile contre la mer,
si on se laisse surprendre par la marée; tandis que,
dans les grandes marées, ces asiles deviennent

plus que douteux. Dans la *morte eau*, la mer est à son plus bas à dix heures du matin et à dix heures du soir; dans la *grande mer*, lors de la nouvelle et de la pleine lune, c'est à quatre heures du matin et à quatre heures du soir qu'elle est basse; il faut encore observer que chaque jour la marée retarde d'une heure.

S'il est mer basse aujourd'hui à quatre heures, demain ce sera à cinq heures; au bout de six jours, ce sera à dix heures; mais nous nous trouverons alors dans un autre quartier de la lune et dans la *morte eau*. Six jours après, la mer se trouvera encore basse à quatre heures, mais nous aurons encore changé de quartier de lune, et nous aurons, de rechef, *grande mer*.

De cette manière, c'est tantôt le matin, tantôt au milieu du jour, tantôt le soir, tantôt la nuit que les femmes se rassemblent à la fontaine; une marée manquée mettrait un grand désordre dans les ménages des pêcheurs qui n'ont point un tel luxe de linge qu'ils puissent se dispenser de le blanchir souvent.

La nuit, du haut des falaises ou de la mer, c'est un singulier aspect que celui de ces femmes avec chacune leur lanterne posée sur le galet; il semble voir un grand nombre de lucioles, de vers luisans répandre leur lumière phosphorescente.

Je parle avec une sorte de complaisance de *la fontaine*, parce que c'est là que se débitent toutes les nouvelles du pays; c'est là que l'on parle de tout et de tous, que l'on discute, que l'on juge, que l'on absout, que l'on condamne; rien ne peut se soustraire au tribunal de la fontaine, personne ne peut décliner sa juridiction. Les airs administratifs du maire y sont appréciés, comme un regard qu'une jeune fille a détourné de son livre à la messe du dernier dimanche; la fontaine tient lieu d'une *bourse*, d'un *café*, d'un journal, de vingt journaux; c'est là qu'on apprend des nouvelles des marins à la pêche, c'est là que l'on commente les amours et les mariages; on y dit comment s'est vendu le poisson à Fecamp, combien au Hâvre; on y raconte les sinistres causés par le dernier coup de vent, les rêves que l'on a faits la nuit. Il est littéral de dire que l'on sait *tout* à la fontaine, et même un peu davantage.

Sur le galet, Hugues trouva une connaissance, c'était Schütz le terre-neuvien, le chien de Vilhem Girl; Hugues eut d'abord un moment de joie; il s'était habitué à considérer Vilhem comme son *seul* moyen d'arriver auprès de Thérèse, et, malgré la mauvaise volonté manifeste du pêcheur, il n'abandonnait pas cet espoir, faute d'en avoir un autre à lui substituer; il faut bien croire qu'un vieux bateau est encore bon, tant qu'on ne peut en faire construire un neuf.—On ne s'avoue à soi-même que son cheval est hors de service qu'après qu'il s'est présenté une occasion d'en acheter un meilleur.

Mais Hugues se trompait : Schütz était seul; il connaissait les heures de marée, grâce au besoin qui lui avait appris qu'il ne pouvait boire qu'à la marée basse, lorsque la mer laisse à sec les sources d'eau douce. Hugues voulut le caresser, mais Schutz retira brusquement sa tête de sous la main amicale de l'étudiant, le regarda, le flaira en levant le nez, puis se retira d'un air à ne pas engager à lui faire de nouvelles avances.

Le chien n'est pas plus prévenant que le maître se dit l'étudiant.

Il s'était avancé jusque sur le bord de la mer et regardait les lames qui glissaient du large à la côte en blanchissant; car la mer commençait à monter; les laveuses étaient derrière lui, il était à peu près sept heures, et le soleil ne faisait que commencer à s'enfoncer, en face d'É-tretat, dans les vapeurs qui se coloraient de pourpre. Ce bruit sourd de la mer qui monte, ces riches couleurs du soleil qui descend; l'air qui se calme et s'endort, les mouettes qui ont cessé de voltiger dans l'écume des lames; tout le jetait dans une silencieuse extase, dans une rêverie sans objet qui lui attachait les pieds sur la grève.

Il fut cependant distrait par quelques mots qui vinrent à son oreille.

— C'est, disait une des laveuses, un homme plein de talens, à ce qu'on dit, et qui gagnerait de l'argent gros comme lui, s'il voulait aller au Hâvre et travailler; mais, sitôt qu'il a quelques écus, il passe ses journées dans son nid de mauve, à fumer et à regarder la mer. Quand il n'a pas besoin d'argent, vous ne lui feriez à aucun prix faire cinq pas pour en gagner.

— C'est, reprit une autre, un homme bon et obligeant, et je l'ai vu travailler avec une force surhumaine pour prêter la main à des pêcheurs en danger.

— On dit qu'un jour il a eu une terrible querelle au Hâvre.

—Oh! oui, je sais l'affaire; c'est avec un officier: il était à l'auberge et lisait quelque chose à la lueur d'une lampe. L'officier vint, sans lui faire d'excuses, le déranger pour allumer sa pipe; puis, quand sa pipe fut allumée, il resta devant le quinquet, cachant la lumière à maître Girl.

Celui-ci passa de l'autre côté de la table, sans rien dire, et se remit à lire; l'officier se leva et emporta la lampe à une autre table. Maître Girl haussa les épaules, et, appelant le garçon, lui demanda une autre lampe.

— Garçon, cria l'officier, apportez-moi tout de suite un verre de rhum.

Le garçon laissa la lampe qu'il prenait, pour obéir d'abord à l'officier dont la voix impérieuse lui semblait menaçante; mais Girl, l'appelant, lui dit :

— Dans une auberge, celui qui commande le premier doit être servi le premier.

Le garçon reprit la lampe.

— Hé bien! drôle, cria l'officier, mon rhum.

Le garçon posa la lampe et reprit la bouteille.

— Monsieur, dit Vilhem à l'officier, si vous aviez demandé du rhum avant que j'eusse demandé une lumière, je ne me laisserais pas servir avant vous, mais il n'en est pas ainsi, et je dois être servi le premier.

— Je vous trouve plaisant, dit l'officier, d'oser me parler ainsi, et je ne sais à quoi il tient que je...

Le garçon saisit la bouteille et versa à l'officier, puis sortit sans donner de lampe à Girl. Deux autres officiers entrèrent dans la salle, le premier leur parla bas, et tous trois se prirent à rire en regardant Vilhem. Celui-ci appela le garçon qui était revenu verser du rhum à ces messieurs, et lui demanda doucement une lampe.

Le premier officier, alors, jeta quelques boulettes de mie de pain, pour éteindre la lampe, et finit par y réussir. Les deux autres sortirent en riant aux éclats. Vilhem appela le garçon, et lui demanda quelle heure il était : sur sa réponse, il se leva, et, marchant à l'officier, lui dit :

— Comme vous avez éteint ma lampe, vous trouverez bon que je prenne la vôtre pour m'aller coucher.

Les personnes qui étaient dans la salle, et qui avaient admiré la patience de Vilhem, sans oser cependant prendre sa défense, attendirent avec inquiétude ce qui allait se passer. L'officier, un moment stupéfait, se leva et fit la menace d'un geste offensant. Vilhem le prit par l'épaule et le fit asseoir ; puis, le tenant immobile, lui dit : — Voulez-vous, oui ou non, me donner votre lampe. L'officier ne répondit qu'en jurant et en se débattant sous sa main.

— Cela veut probablement dire que vous voulez garder votre lampe, dit Vilhem; je voulais aussi garder la mienne, et vous m'en avez empêché. Vous consentirez donc à m'éclairer jusque chez moi. Et il le prit par le bras de telle force qu'il lui brisait les os. En vain il voulut se débattre et lutter; la main de fer de maître Girl lui broyait le bras : il fut forcé de lui obéir. Mais le lendemain, il vint lui demander raison, Girl dit qu'il n'avait pas pour habitude de se lever de bonne heure ; que deux heures après il serait à sa disposition.

Quand on fut près de se battre, les autres officiers, qui ne pouvaient approuver leur camarade, voulurent accommoder la chose; mais Vilhem annonça que, s'il pardonnait une injure dont il s'était vengé, il ne pouvait pardonner le dérangement qu'on lui avait causé; que, malgré son intention, il avait perdu une heure de sommeil; qu'il avait ressenti quelque émotion, que le reste du duel n'était rien une fois l'émotion préalable passée, etc., de sorte qu'il faillit tuer l'officier.

— C'est égal, c'est un homme bien singulier.

— Ah! toute cette maison allemande est comme cela; maître Kreisherer, le clerc, est aussi un homme bizarre.

— Pour la jeune fille, c'est une jolie personne, douce et avenante; mais qui diable cela épousera-t-il? aucun marin n'en voudra pour sa femme : comme cela conduira bien un ménage et des enfans, en chantant comme elle le fait la moitié du jour.

— On dit qu'elle n'est pas maladroite et qu'elle sait coudre et broder.

Hugues prêtait attentivement l'oreille. Mais on

cessa de parler des trois personnes qui l'interressaient.

— Nous aurons bientôt une noce, dit une autre femme, et une noce nécessaire : j'ai vu l'autre jour, près de Vatteau, Noémi et Martin se promener dans le petit bois.

Une autre femme prit la parole et toutes celles qui l'entouraient se mirent à rire : elle montrait des taches d'herbe aux genoux du pantalon de Martin.

A ce moment, une lame plus forte vint mouiller les jambes de Hugues; une seconde faillit emporter un tas de linge. On s'empressa de faire les paquets, la mer montait assez pour qu'il ne fût pas prudent de rester.

Le lendemain était une grande fête, l'assomption, la fête de la Vierge en qui les marins placent leur plus entière confiance; à laquelle ils adressent de préférence leurs prières dans le danger.

Hugues avait passé sous la fenêtre de Thérèse

sans l'apercevoir, et était allé s'établir sur la grève, tourné vers la *porte d'amont*, c'est-à-dire vers les deux portes en forme d'arches sous lesquelles on passe à la marée basse, et dont une seule paraît quand la mer est haute.

Le soleil se levait alors au ras de la falaise et derrière elle. Elle paraissait entièrement noire; une vive lumière brillait à travers la seule porte qui paraissait, tandis que la falaise d'aval était colorée d'un rose tendre par les premiers reflets du soleil levant ainsi que les nuées légères qui étaient au dessus.

Il y a cette différence entre les nuances qui colorent le ciel le soir et le matin, au coucher et au lever du soleil, que les teintes qui vont également s'affaiblissant et se fondant, passent le soir du blanc au noir et le matin du noir au blanc.

Les couleurs du matin sont plus fraîches; le bleu tendre, le jaune de chrôme, le jaune de Naples, le rose, le lilas, colorent l'air et les nuées blanches et grises.

Le soir, des couleurs plus riches, plus somptueuses les remplacent; le lapis, l'orangé, le pourpre, le violet, le feu teignent les nuages à leur tour.

Le matin, lorsque l'on voit lever le soleil, c'est un moment d'enchantement rapidement passé; à mesure que le jour augmente, la sensation s'affaiblit : à l'aurore succède une lumière si éclatante qu'on la croirait bruyante; on se trouve comme réveillé en sursaut des poétiques impressions qui s'étaient emparées des sens; il faut passer subitement de la rêverie à l'action : c'est une des plus douloureuses sensations que je connaisse.

Le soir, au contraire, la nuit est déjà sur la terre, lorsqu'un jour mystérieux est encore au ciel; les riches teintes des nuées, le silence qui va toujours croissant, s'emparent de l'imagination : les couleurs s'assombrissent et disparaissent; il semble une amorce qui entraîne l'imagination dans le ciel, et l'imagination la suit. Ensuite vient la nuit qui concentre la pensée en lui enlevant les distractions extérieures; puis les étoiles s'allument dans cette voûte noire dont la sombre couleur garde cependant un souvenir du bleu splendide qui s'est effacé. A chaque instant, la rêverie devient plus profonde, le recueillement plus complet. La pensée atteint à une hauteur dont elle-même ne se sentait pas capable le jour.

Le soir, l'imagination a suivi la lumière qui montait de la terre aux nuées, des nuées dans l'infini. Le matin, la lumière redescend du ciel à la terre, et l'imagination la suit encore. — Le matin, c'est la poésie de l'Italie, la poésie de ce qui est; le soir, c'est la poésie de l'Allemagne, la poésie de ce qu'on voudrait qui fût.

Le soir, il semble que l'on gravisse une haute montagne : à chaque pas l'air est plus vif, la poitrine s'élargit, l'horizon s'étend, les parfums mystérieux se font sentir; en haut, il semble que l'on jouit de nouvelles facultés, que les sens s'éveillent ou naissent et perçoivent des sensations inconnues.

Le matin, on redescend la montagne : à chaque pas l'air est plus lourd, la poitrine se rétrécit; en place des parfums du ciel, on respire les émanations de la terre.

Pendant que Hugues dessinait, plusieurs femmes passèrent sur le chemin qui se prolonge au dessus du galet: elles se dirigeaient du côté de l'église et étaient fort parées; la vue de ces femmes le fit penser à Thérèse.

Tout à coup il se leva brusquement; une idée était venue subitement illuminer son esprit: c'est grande fête, Thérèse sera à l'église.

Il retourna à l'auberge, déposa son attirail et se dirigea vers l'église; les enfans de chœur chantaient, une sévère et céleste harmonie montait aux voûtes du temple. Hugues aperçut Thérèse seule dans un banc; elle avait le capuchon noir des femmes du pays; seulement il était bordé d'une dentelle noire qui faisait admirablement ressortir ses beaux cheveux blonds; il vint un moment où l'on chanta une hymne à la Vierge, et tout le monde chanta. Il y avait de la piété, de l'enthousiasme, de la prière vraie dans les voix; l'église avait encore alors des vitraux coloriés qui ont été brisés depuis; tout frappait l'imagination. Les beaux yeux de Thérèse se portaient par moment à la voûte, et Hugues, qui, dans ce concert de voix, cherchait à discerner celle de Thérèse, croyait voir un ange, et finit par mêler sa voix aux autres.

Tous deux adressaient la même prière à la même croyance : c'était un lien sacré.

Puis le curé, précédant les enfans de chœur, sortit de l'église, portant la croix d'argent dans les mains ; tout le monde suivit, la tête nue et en silence, et la procession se dirigea vers la mer. Arrivé sur le galet, le curé prononça une prière ; tous les assistans se mirent à genoux.

Puis il dit, en traçant dans l'eau le signe de la croix avec la croix d'argent :

« Au nom du Père, et du Fils, et du Saint-Esprit, je bénis la mer.

« Je mets sous la garde de Marie nos bateaux et les hommes qui les montent, et nos filets, et nos cordages, et nos voiles. »

Puis tout le monde chanta les litanies de la Vierge, et l'on s'en retourna silencieusement.

Pendant tout ce temps, Hugues s'était rapproché de Thérèse; elle avait rougi en le reconnaissant, et ensuite n'avait plus levé les yeux. Sa robe avait touché l'habit de Hugues, et il avait frissonné. Quand on se dispersa il voulut la suivre; mais il vit se rapprocher de lui ce gros homme blond qui, plusieurs fois déjà, avait voulu entamer avec lui une conversation; pour ne pas être distrait de ses impressions, il resta à suivre Thérèse des yeux tant qu'il put la voir et même un peu plus long-temps.

Sur le galet courait ou plutôt bondissait Schütz, poursuivant les mouettes que le vent du nord amenait à la côte, se jetant dans les flots, disparaissant sous l'écume, puis revenant à la plage pour se secouer les oreilles et retourner à la mer.

De loin, on pouvait voir Vilhem Girl qui descendait lentement la côte d'Aval, sur laquelle était sa demeure ainsi que nous l'avons dit.

Hugues avait tiré son crayon et esquissé Schütz qui était réellement un noble et bel animal, civilisé juste au point où il est nécessaire pour ne dévorer personne et ne perdre néanmoins rien de sa légèreté, de sa force et de la grâce qui est la conséquence de la force.

Vilhem arriva près de Hugues et sourit en reconnaissant son chien.

Hugues déchira la feuille et donna le dessin à Vilhem; celui-ci en parut enchanté, et reprit le chemin de sa hutte. Hugues le suivit parlant de choses et d'autres,

De la pluie et du beau temps, sujet de conversation que les esprits légers et superficiels ont déshonoré, tandis qu'au contraire on ne saurait trop l'encourager. On est si heureux avec le plus grand nombre de pouvoir parler sans rien dire, de ne tirer ce qu'on est forcé d'échanger de paroles, ni de son esprit, ni de son cœur, ni de sa mémoire.

Comme Vilhem regardait ou la mer ou Schütz qui était resté en bas, ou le portrait pour le comparer à l'original, Hugues chercha un autre sujet de conversation et parla du maire.

— Je ne m'en plains pas, dit le pêcheur; chacun de ses ridicules me rapporte de l'argent et assure mon indépendance.

Ensuite, quoi que dit l'étudiant, Vilhem ne répondit plus; en vain il pensa le tirer de sa taciturnité en lui parlant de son état, de sa pêche, de la marine, de l'histoire maritime de la France. Vilhem le laissa dire long-temps, et, pour toute réponse, lui fit remarquer que, dans le portrait de Schütz, il ne lui avait pas fait l'œil assez brillant ni assez animé. On était arrivé à la hutte; Vilhem offrit à l'étudiant un verre de genièvre; Hugues accepta avec empressement. Vilhem lui fit signe de se mettre dans le fauteuil; pour lui il s'étendit dans le hamac : le hamac était admirablement placé : quand on était couché dedans, la vue s'étendait au loin sur la mer par la fenêtre qui encadrait le tableau.

Tous deux se mirent à fumer. Hugues était

enchanté de se voir ainsi installé chez le silencieux pêcheur, et il avisa aux moyens d'amener la conversation sur la fille du clerc.

Il établit ses transitions dans sa tête, et dit :
— Vous avez une petite maison ; un sage ancien répondit à une semblable observation : Plût aux dieux qu'elle fût pleine d'amis.

L'astucieux étudiant comptait amener par ce début un éloge de l'amitié; de cette généralité il était facile d'arriver à particulariser, et à appliquer ces théories ; et de parler de la liaison presque paternelle de Vilhem avec Thérèse.

Mais Vilhem répondit :

— Plût à Dieu que la mienne fût assez petite pour qu'elle ne pût contenir un seul ami.

Contre l'Amitié.

O se sert en général un peu trop de certaines pensées toutes faites, à la portée de tous le monde. *Il faut avoir des amis partout* est une de ces pensées qui se logent entre le crâne et la peau de la tête, de ces pensées qui ne font éprouver aucune fatigue au cerveau avec lequel elles n'ont jamais la moindre communication.

J'ai connu en Allemagne un homme jeune, bien fait, à moitié spirituel, passablement brave, riche; en un mot fort disposé à être heureux. Pour y parvenir, il résolut de mettre en pratique cet aphorisme : Il faut avoir des amis partout.

Il donnait à dîner, prêtait de l'argent, sacrifiait ses maîtresses, permettait à qui voulait de rendre ses chevaux poussifs; il donnait la main à son bottier, et déposait de temps à autre sa carte chez son tailleur. Si un passant l'eût regardé de travers, il eût été cinq nuits sans dormir; la bienveillance générale était une des conditions de son existence. Il jouait aux échecs et perdait; il faisait des vers, et les faisait mauvais; il dansait, et dansait gauchement; enfin il n'avait de supériorité dans aucun genre, et ne pouvait exciter l'envie, si ce n'est par sa fortune, mais sa fortune n'était pas à lui. Il avait treize amis qui se faisaient habiller chez son tailleur, trente étaient chaussés par son bottier; toute la ville de Swei-Brucken se coiffait chez son chapelier; on ne pourrait dire le nombre des gens auxquels il donnait à souper.

Tout le monde était son ami, tout le monde le tutoyait : il était enchanté. Peut-être s'il eût regardé d'un peu près les bénéfices de cette amitié universelle, eût-il vu que ces gens qui ne chantaient jamais parce qu'ils avaient la voix fausse, ne s'en faisaient aucun scrupule devant lui. L'hiver, on le mettait loin du feu, pour donner la meilleure place à un étranger. On lui donnait à dîner avec la soupe et le bouilli — on ne se gêne pas avec ses amis — on servait tout le monde avant lui, et les enfans essuyaient leurs tartines sur ses vêtemens.

Un jour un de ses *amis* lui écrivit une lettre en ces termes :

« Sauve-toi, je suis entré dans une conspiration qui vient d'être découverte; on a saisi mes papiers; comme tu es *mon ami*, comme je sais que l'on peut compter sur toi, je t'avais mis un des premiers sur la liste des conjurés. Notre affaire est certaine, nous serons tous condamnés à mort ; fuis sans perdre un instant. »

Hermann demeurait dans un quartier de la ville assez éloigné ; l'homme chargé de la distribution des lettres s'aperçut que la lettre destinée à Hermann était la seule à porter dans son quartier ; il pensa ne pas devoir se gêner avec *un ami* ; il remit au lendemain pour porter la lettre, en même temps que les autres, qui ne pouvaient manquer de venir pour le même quartier. Il ne porta la lettre que le surlendemain. Derrière lui arrivaient les soldats chargés d'arrêter Hermann.

Le chef de la troupe était *un ami* d'Hermann ; il ne voulut pas avoir la douleur de l'arrêter lui-même, et resta à la porte ; les soldats, sans chef pour les réprimer, maltraitèrent fort le prisonnier.

Néanmoins, sous prétexte de s'habiller, il passa dans un cabinet et sauta par la fenêtre.

Il tomba précisément sur *son ami*, que sa

sensibilité retenait malheureusement à la porte; l'ami jeta un cri qui donna l'alarme; il fut repris et conduit en prison.

On instruisit son procès : toute la ville était convaincue de son innocence, mais la plupart des juges se récusèrent pour ne pas avoir en aucun cas à condamner *un ami*. L'accusateur, qui était *son ami* comprit que sa réputation d'impartialité, se trouvait singulièrement compromise par sa liaison connue avec l'accusé; pour combattre cette prévention, il se vit forcé de le charger plus qu'il n'avait jamais fait aucun autre. Son avocat était tellement ému — car *il le chérissait* — que lorsqu'il voulut parler, sa voix fut étouffée par ses sanglots; il reprit un peu courage, mais sa mémoire était troublée, les argumens sur lesquels il avait le plus compté ne se présentaient plus qu'à travers un nuage; sa voix était faible et mal accentuée. Hermann fut condamné à l'unanimité.

L'autorité, vu le nombre infini de *ses amis*, redoutait un coup de main pour forcer la prison et l'enlever; aussi fut-il mis aux fers, et ne lui laissa-t-on la consolation de voir personne. Le jour de son supplice arriva; un moment le désespoir lui prêta des forces : il se débarrassa de ses liens, échappa aux soldats, et se serait enfui, si la foule immense des gens qui *lui étaient attachés* eût pu s'ouvrir assez vite pour lui livrer passage; il fut rattrapé et garrotté. Le bourreau, qui l'avait *beaucoup aimé*, avait peine à contenir sa douloureuse émotion; sa main mal assurée ne put séparer la tête du tronc qu'au cinquième coup.

APRÈS ce récit qu'il avait fait en souriant, Vilhem continua à parler, mais chacune de ses phrases semblait un aphorisme, une sentence. Il aspirait, entre chaque, deux ou trois bouffées de tabac; sa figure était devenue soucieuse, distraite; il semblait se souvenir et penser tout haut; sans s'embarrasser aucunement de la présence de l'étudiant.

— Un ami, dit-il, c'est un homme armé contre lequel on combat sans armes.

C'est un homme qui sait sur quel coup précisément il vous prendra en tirant l'épée.

C'est un homme qui connaît l'escalier qui conduit chez votre femme; qui sait les momens de froideur, et les instans où vous êtes dehors; et l'heure précise à laquelle vous rentrerez.

Un ami, c'est Judith qui vous assoupit dans ses bras, et vous tue au milieu des songes agréables qu'elle vous fait faire.

C'est Dalilah qui connaît le secret de votre force et celui de votre faiblesse.

Quand un homme a deux amis, ce n'est que pour se plaindre alternativement de chacun d'eux à l'autre.

On prend des amis, comme un joueur prend

des cartes ; on les garde tant qu'on espère gagner.

L'homme qui a un ami, qui s'assimile un autre homme, présente une surface double aux coups du malheur. On peut lui casser quatre bras et lui fendre deux têtes ; il portera le deuil de deux pères, il aura le tracas de deux femmes.

Entre deux amis, il n'y en a qu'un qui soit l'ami de l'autre.

Entre tous les ennemis, le plus dangereux est celui dont on est l'ami.

A la fin de sa vie, on découvre qu'on n'a jamais autant souffert de personne que de son ami.

Vilhem s'arrêta si préoccupé, qu'il cessa d'aspirer la fumée, que sa pipe s'éteignit ; il fut quelque temps sans parler, puis il reprit :

— Ce serait pourtant une belle et sainte chose que l'amitié ! Mais qui comprend l'amitié ? Chacun veut avoir un ami, mais personne ne veut être l'ami d'un autre. On emprisonne ce qu'on appelle son ami dans ses propres idées à soi, dans ses goûts; on lui trace la route qu'il doit suivre. Il y a des limites où l'amitié cesse. Si votre ami prend un parti, avant de le suivre vous examinez s'il a tort ou raison. Ce serait là ce qu'on devrait faire pour un indifférent, mais un ami! S'il est malheureux on doit être malheureux avec lui; criminel, on doit être criminel avec lui. Tout ce qu'il fait on en doit supporter la responsabilité comme on supporte celle de ses propres actions; deux amis doivent se suivre dans la vie comme s'ils ne faisaient qu'un. L'amitié ne doit pas être une alliance ni un pacte, ce doit être une assimilation; on ne doit pas prendre un ami, on doit devenir lui.

En prononçant ces paroles, la physionomie de Vilhem s'animait, ses yeux brillaient d'un éclat tout prêt à devenir une larme.

Il s'arrêta brusquement et dit en souriant: Bah! il n'y a que l'amour qui réalise quelquefois ce rêve, et, quand il le réalise, c'est pour quelques instans.

Il ralluma sa pipe.

Hugues cependant avait écouté avec attention et surprise le pêcheur d'ordinaire si taciturne. — Monsieur, lui dit-il, pardonnez-moi, mais je ne vous croyais pas tant de méditation et d'expérience.

— C'est, reprit Vilhem, que, dans les quarante ans que j'ai vécu, j'ai beaucoup souffert et cela instruit. Mes pensées sont le résultat de mes souffrances; elles vous donnent le même plaisir qu'on éprouve à entendre, les pieds bien secs, au coin d'un bon feu, le récit d'un naufrage. Si vous me voyez d'habitude ne prendre guère d'intérêt aux choses de la vie, ce n'est pas que je manque d'énergie ni de puissance; mon inertie est causée par ma conviction du peu de prix de ce qu'il est permis à l'homme d'atteindre. Beaucoup me méprisent pour ma paresse; tant pis; il y a en moi beaucoup de bonnes choses qui sont perdues pour eux. C'est dans les fentes des ruines que poussent ces giroflées dont les fleurs jaunes parfument l'air.

La conversation arrivée à ce point, il n'eût pas été facile à Hugues de parler de Thérèse; la transition eût été trop brusque; aussi n'en parla-t-il pas. Vilhem le conduisit jusqu'à la porte, et, mettant ses deux doigts dans sa bouche, fit entendre un long sifflement. On ne tarda pas à entendre courir dans les ajoncs, et Schütz arriva près de son maître.

En passant près de l'église, Hugues rencontra le gros homme aux cheveux blonds; mais l'étudiant était si préoccupé, qu'il lui rendit à peine son salut.

Hugues fut quelque temps sans revenir à Étretat; il allait quelquefois au Hâvre ou traversait jusqu'à Honfleur. Il avait pris la résolution de ne pas se tourmenter davantage pour une jeune fille inabordable. Par momens, il lui semblait qu'elle aurait dû lui faciliter l'accès près d'elle;

puis il se rappelait sa voix angélique, ses yeux, ses cheveux; il se rappelait surtout les douces sensations qu'elle avait éveillées dans son âme, les rêveries qu'elle lui avait causées; car il faut le dire:

L'amour que l'on ressent est tout dans soi, la personne aimée n'est que le prétexte.

Il se disait à peu près cela, et une foule d'autres choses pour se confirmer dans sa résolution inébranlable de ne pas revoir Thérèse.

Ce qui n'empêcha pas qu'un mois après environ, il se donna, pour revenir à Étretat le prétexte médiocrement plausible, qu'il avait négligé de dire adieu à Samuel Aubry.

Puis Samuel Aubry l'invita à dîner; puis il y avait des fêtes à l'église, et il venait *pour la musique*. Puis il revenait pour peindre une vue, un coucher de soleil, un bateau. Quelquefois il voyait Thérèse, mais sans faire aucun progrès visible. Pour Thérèse, elle le reconnaissait bien; quand il se promenait sous sa fenêtre, elle ne pouvait que le regarder un peu à la dérobée

Vilhem était redevenu aussi taciturne que jamais.

Hugues, pendant des heures entières, restait les yeux fixés sur la petite fenêtre; plus d'une fois il fit le trajet par d'horribles pluies, quoique alors il fût presque sûr que Thérèse ne se mettrait pas à la fenêtre, et qu'il n'eût à espérer que la douce sensation de s'approcher d'elle, et la peine de s'éloigner — mais les peines de l'amour sont un bonheur, et il vient un temps où on les regrette au moins autant que le reste — et encore de voir les feuilles qui, le matin peut-être, avaient touché ses cheveux.

Mais, quand les oiseaux se turent, quand le soleil commença à faire tomber avec peine du sein de la brume de longs rayons pâles, il arriva que les feuilles de la vigne s'empourprèrent, et que le vent devenu plus piquant en emporta quelques unes. Hugues alors songea que le froid allait venir, que Thérèse ne paraîtrait plus à la fenêtre : l'idée d'être privé de la voir lui fit sentir que Thérèse lui était devenue nécessaire, que c'était là qu'était passée toute sa vie, et que toutes ses joies, toutes ses sensations d'espérance, allaient tomber avec les feuilles rouges de la vigne.

Il entra dans l'église, on chantait une hymne à la Vierge, c'était une des meilleures compositions de maître Kreisherer; il l'avait faite autrefois en Allemagne sur des paroles allemandes.

O Yûngfraü! dû himmelskönigin,
Blitzender stern in den wolken.

O Vierge! reine du ciel!
Étoile brillante dans les nuées sombres!

En sortant, comme il se dépêchait pour passer sous la petite fenêtre, avant que tout le monde fût sorti de l'église, et pût remarquer son attention, il marcha lourdement sur le pied du gros homme blond.

Quelque pressé qu'il fût, il s'arrêta néanmoins pour lui demander poliment pardon de sa maladresse.

Le dimanche suivant, ils se saluèrent de loin, et, en sortant, comme Hugues ne pouvait plus l'éviter, ainsi qu'il avait toujours fait jusque-là, ils échangèrent quelques mots.

— Monsieur, dit l'homme blond, il vient ici peu de jeunes gens de votre âge : la jeunesse n'est pas religieuse.

— Et moi, pas plus que le reste de la jeunesse, mon maître, avait répondu l'étudiant d'un ton un peu rogue; ne me faites pas le tort de penser que je sois ici pour voir les momeries des prêtres : je n'y viens que pour entendre la délicieuse musique qui s'écorche en passant par le gosier de ces drôles.

Le gros homme s'inclina, mais l'étudiant ne comprit pas ce modeste remercîment et continua : — Chose singulière, dit-il, voici huit ou dix jours que je viens ici, et il m'est impossible de reconnaître cette musique, quoique, à Paris, j'aie entendu plus d'une fois toutes celles de nos meilleurs maîtres morts et vivans.

— Aussi, dit maître Kreisherer, n'est-ce pas parmi

les grands maîtres qu'il faut chercher l'auteur de cette musique.

— Le connaissez-vous ?

— Vous n'êtes pas de notre paroisse, dit maître Kreisherer, car, si je puis me permettre ce petit accès de vanité, je suis bien connu de la première à la dernière maison de ce village.

—C'est vous, Monsieur, dit l'étudiant! oui, certes, vous pouvez vous permettre cette petite vanité, car l'auteur de cette musique mérite d'être connu et admiré dans toute la France.

Le musicien s'inclina ; l'étudiant poursuivit. —Non, je ne suis pas de cette paroisse, je suis étudiant, et je passe les vacances à quelques lieues d'ici.

Hugues aurait fort désiré que le gros homme blond ne le retînt pas très-long-temps ; mais il lui avait commencé l'histoire de *Romain* : c'est une histoire qui, de tout temps, s'est beaucoup racontée à Étretat, et que moi-même j'ai racontée dans un livre que vous avez incontestablement le droit de lire, et qui a pour titre *Vendredi soir.*

Hugues s'arrêtait de temps en temps pour donner à son interlocuteur le temps de terminer son récit, et lui-même continuer sa route et passer sous la fenêtre aux pampres verts. L'homme blond semblait suivre la même route que Hugues. Ils arrivèrent ensemble devant la maison de Thérèse, et le narrateur s'arrêta; il tournait le dos à la maison, de sorte que Hugues avait naturellement les yeux sur la fenêtre. Il aurait pu alors raconter sept fois de suite l'histoire de *Romain*, ce qui est le plus grand nombre de fois que j'aie eu occasion de l'entendre conter, sans que l'étudiant le trouvât mauvais. Thérèse cependant n'était pas à la fenêtre, mais elle pouvait y venir; car c'était d'ordinaire à l'heure où l'étudiant passait, que le hasard lui donnait la pensée ou le besoin de prendre l'air, de voir le temps qu'il faisait, de quel côté le vent soufflait, etc., etc.

L'histoire de *Romain* eut un terme; mais le narrateur la termina par la péroraison la plus étourdissante qui se soit jamais faite ; au point que Hugues fut quelques minutes sans pouvoir répondre de stupeur, de joie et de saisissement.

— J'espère, dit l'homme blond en terminant par cette phrase qui termine l'histoire en question :

« Elle le pleura à la façon du lierre qui, après avoir étouffé un arbre, pare sa tête morte de vertes guirlandes. »

J'espère que vous ne refuserez pas d'entrer prendre une rôtie au cidre.

Et de la main il désignait la maison aux pampres verts, dans laquelle Thérèse les reçut ; les joues de Thérèse étaient rouges comme des cerises.

Vilhem était assis au coin de la cheminée ; il fronça un peu le sourcil en voyant entrer l'étutudiant. Pour Thérèse après avoir salué elle se remit à préparer la rôtie au cidre. Il n'est pas si facile que le croit le VULGAIRE de faire une rôtie au cidre.

Le *gros cidre* frais tiré a un parfum plus suave qu'aucun vin ; mais ce parfum s'évapore en quelques minutes.

Il faut donc commencer par faire rôtir le pain des deux côtés ; ce n'est qu'ensuite que l'on va tirer le cidre. Ici deux écueils se présentent : si vous mettez le pain dans le cidre froid, le pain ne s'imbibera pas assez et sera refroidi ; si vous faites chauffer le cidre, le parfum s'évaporera, et vous n'avez plus qu'un horrible potage. Le cidre doit être approché du feu et attiédi, mais si faiblement qu'il n'y ait pas le moindre commencement d'évaporation [1].

Vilhem but, mangea et fuma sans prononcer une parole ; puis maître Kreisherer se mit au piano, et Thérèse chanta. Alors la musique allemande reprit tout son caractère, les paroles allemandes de l'hymne à la Vierge reparurent.

Yung fraü, etc.

---

[1] Ce qui se boit à Paris sous le nom de cidre n'a pas le rapport même le plus éloigné avec cette boisson.

Vilhem pleurait de joie.

Hugues se croyait dans le ciel.

Puis Vilhem, Thérèse et maître Kreisherer reprirent le chant en chœur, et l'étudiant se rappela ces paroles de St-Augustin : *La musique est la voix de l'épouse du Christ et l'attrait de la dévotion.*

DE ce jour, l'étudiant fut un commensal assidu de la maison de maître Kreisherer. Le maître de musique trouva moyen de tirer quelque parti de la voix un peu rebelle de Hugues. Hugues chantait avec Thérèse, et maître Kreisherer les accompagnait. Vilhem se rappelait des airs du pays, et faisait sa partie dans la musique. Hugues était heureux de voir Thérèse tous les jours; souvent il passait plusieurs jours de suite à Étretat, il peignait les côtes sauvages de l'Océan, il faisait quelques portraits, reportait sur la toile de riches couchers du soleil, et les accidens toujours variés de la mer.

Loin des ateliers, des professeurs, des écoles, des sectes, des discussions, il devenait peintre, il apprenait à voir la nature. Seul en face de ses magnificences, il lui semblait la voir se révéler.

Il y a dans la vie, pour le poète ou pour le peintre, un moment où a lieu cette révélation. Il y a un jour où on est versificateur ou misérable reproducteur de ponsifs; le lendemain, par une subite illumination, on est devenu peintre et poète; un nuage s'est évanoui, une *seconde vue* dévoile de splendides mystères; l'âme s'éveille, les ailes sont venues au jeune aiglon qui prend son vol, et s'élève au ciel dont les plaines seront désormais son empire.

Hugues n'avait pas un talent complet, mais ce qui lui manquait encore pouvait désormais être acquis par le travail, et puis il était si amoureux, que rien ne lui était impossible.

Pendant ce temps, on s'occupait de beaucoup de choses en Europe. Les intérêts de toutes sortes étaient agités, toutes les passions étaient en jeu ;

Tandis qu'il se faisait dans la maison de maître Kreisherer la meilleure musique qu'on pût entendre.

Il arriva un matin que M. le maire se rendit sur la plage, suivi de M. Bernard, lequel était suivi de son chien.

Le vent soufflait du sud; la mer était un peu dure; les lames, qui venaient du large, ébranlaient le rempart de galet qui protége Étretat, et l'entraînaient en s'en retournant. Les pêcheurs, par groupes nombreux, regardaient les progrès de la mer avec inquiétude. M. le maire se tourna vers M. Bernard et lui dit : Il serait fort à désirer que le vent du Nord nous ramenât un peu de galet.

Une voix ajouta : — *Il serait à désirer* que le conseil municipal cherchât les moyens de faire construire une digue ou une jetée pour nous préserver de ce vent de sud-ouest, qui, un de ces matins, détruira Étretat, et fera du galet avec nos maisons.

M. le maire se retourna, M. Bernard se retourna, mais le chien de M. Bernard ne se retourna pas. La voix était celle de Vilhem Girl, et Schütz était assez près pour que son craintif ennemi crût devoir se coucher entre les jambes de son maître.

—Il faudrait en conférer, dit M. le maire, et je serais assez d'avis d'assembler le conseil municipal.

Puis il prit Vilhem à part, causa quelque

temps avec lui, et lui donna de l'argent. Surtout, dit-il en finissant, ajoutez quelques mots agréables pour M. le préfet du département. M. le maire et M. Bernard allèrent jouer au billard; M. le maire était réellement à ce jeu d'une force remarquable; il se servait pour empêcher la queue de glisser sur la bille, d'un *bleu* particulier qu'il avait inventé et qu'il ne prêtait jamais à personne; chaque fois qu'il en avait besoin, il le sortait de sa poche, puis du papier qui l'enveloppait, et le renfermait avec le même soin; pour M. Bernard, il se contentait d'appuyer l'extrémité de sa queue contre le plâtre de la muraille, ce qui y avait laissé de nombreuses empreintes.

Vilhem remonta à son aire, et se mit à écrire; le lendemain matin il porta un discours complet à M. le maire, puis il alla se faire raser chez maître Jean.

La société était nombreuse chez maître Jean, attendu que ce jour-là était un dimanche, et que c'était le jour de barbe de toute la commune; il y avait là dix ou douze mentons singulièrement hérissés. La femme de maître Jean savonnait un menton, tandis que son mari en rasait un autre, et le barbier, par ce moyen, gagnait et faisait gagner à ses pratiques le temps nécessaire à ces préliminaires indispensables.

Maître Jean était une anomalie dans le pays. Beaucoup de pêcheurs d'Étretat avaient été militaires, mais tous avaient servi dans la marine, sur les cadres de laquelle ils sont portés de tous temps. Maître Jean n'était nullement organisé pour la mer, et avait servi dans l'infanterie; il était rentré dans ses foyers avec une blessure à la cuisse qui le rendait boiteux, et il lui fallait des peines incroyables pour se traîner autour de son jardin. Comme on ne fait à Étretat la barbe que le dimanche, il s'occupait pendant la semaine à faire et à raccommoder les seines et les filets. Jamais il ne sortait de sa maison, et n'avait pas été une seule fois sur la plage depuis son retour de l'armée. Il n'avait de la mer qu'un souvenir fort confus, et écoutait les récits qu'on lui en faisait avec l'avide curiosité d'un marchand du Marais.

On parlait, tout en fumant, des affaires de la commune; il y avait là deux ou trois maîtres de bateaux qui faisaient partie du conseil municipal, et ne laissaient pas d'en tirer quelque importance.

— Il est décidé, disait-on, que le conseil municipal s'assemble demain. Les fermiers vont descendre de la côte, quoique ce que nous avons à faire ne les intéresse guère; mais ils sont les plus riches, et nous ne pouvons rien faire sans eux.

— Ils ne donneront pas un sou; la mer n'ira pas noyer leurs vaches et leurs chevaux à trois cents pieds au dessus de la plage.

— Après tout, la mer prendra Étretat quand elle voudra; nos pères y sont morts, il y aura bien de la place pour nous y enterrer. Que la mer nous noie dans nos maisons ou dans nos bateaux, il nous importe médiocrement. Le marin doit mourir à la mer, et il n'en sera toujours que ce que le bon Dieu décidera.

— M. le maire a dit qu'il ferait un grand discours.

— Ah dam! c'est un homme qui a étudié à Paris.

— Oui, mais il fait valoir deux fermes, et il sera toujours du parti des fermiers contre nous ; tout le peu d'argent de la commune s'en va à rétablir les routes. Vivent les routes sur la mer, elles ne coûtent pas cher à entretenir.

Et la femme de maître Jean savonnait, et maître Jean rasait.

Et tout le monde allait changer de veste, quitter le large pantalon de toile appelé cotillon, et mettre le bonnet neuf pour se diriger vers l'église.

Le même soir, Hugues, je ne sais comment, laissa échapper quelqu'un de ses lieux communs d'incrédulité; ce qui choqua fort Thérèse : elle s'en plaignit tout haut.

— Mais, dit l'étudiant, je ne lui dis rien que de très-flatteur pour son sexe. Je prétends qu'un homme bien amoureux n'a pas besoin de la protection du ciel.

Comme il était tard, Hugues, Vilhem et son chien, sortirent ensemble.

— Enfant, dit Vilhem, oseriez-vous, si vos paroles avaient cette puissance, oseriez-vous prononcer un mot qui ôtât à cette douce fille les riantes couleurs de ses joues, qui fît tomber ses cheveux blonds et ses petites dents si blanches; eh bien! par vos paroles imprudentes, vous lui ferez perdre plus que cela, vous ferez tomber fanée, avant le temps, comme une gelée tardive, les fleurs des amandiers, la poésie dont se nourrit son âme.

Et vous-même qui n'avez encore ni vécu, ni souffert, vous qui n'avez pas encore eu le temps de penser, sur quels fondemens repose votre incrédulité? Vous allez me dire que les croyances de Thérèse n'ont pas plus de bases. Nous sommes d'accord, mais alors, dans le doute, préférez donc la foi au désespoir; préférez donc les fleurs aux ronces incultes.

— Sous ces fleurs, dit l'étudiant, est caché un serpent dont le dard donne la mort : l'aveugle fanatisme.

— Enfant, dit Vilhem en souriant, vous ne voulez pas croire à Dieu, et vous croyez que les serpens ont des dards, vous croyez que les serpens, hôtes des marécages, se cachent sous des fleurs.

Si vous saviez de combien de croyances fausses votre esprit est aveuglé, combien de préjugés vous tiennent encore enchaîné, contre lesquels vous devriez exercer votre scepticisme, avant de vouloir *dérober au ciel une lumière que vous gémirez d'avoir trouvée !*

Attendez : une triste expérience vous fera voir que l'amour est une fiction, l'amitié une duperie, les vertus un pacte que chaque homme exige des autres, sans s'y soumettre lui-même.

Que la vie de l'homme se passe à poursuivre des chimères, qu'elle se peut diviser en deux parts, l'une occupée par des désirs pour des choses qui n'existent pas, l'autre à regretter ces désirs.

Si, ce soir, vous saviez tout cela, que feriez-vous demain? dans votre esprit, déjà votre journée de demain est remplie par Thérèse, par votre amour, par le désir de la voir et le chagrin de la quitter; si vous aviez perdu ces belles croyances, vous n'auriez demain aucune raison pour vous réveiller ni pour sortir; vous n'auriez aucune raison pour vivre. Attendez donc, et si je vous conseille de croire autant et aussi long-temps que vous le pourrez, c'est pour vous garder quelques pensées consolantes, car je ne vous dirai pas, comme Thérèse, que Dieu vous punira de vos blasphêmes; pour cela il faudrait admettre qu'un homme pût offenser Dieu; que Dieu eût nos vanités et nos passions.

Blasphémez tant qu'il vous plaira; niez Dieu, si vous le voulez; faites autant de mal que vous en pourrez faire; et cette douce lune, qui semble sortir de la mer, luira pour vous comme pour moi, et nous conduira chacun dans notre asile; bonsoir.

— Est-ce donc ici votre route? dit Hugues à son compagnon qui allait le quitter.

—Non, répondit Vilhem, mais cette belle soirée est peut-être la dernière que le froid qui va venir permettra de passer dehors, et je ne rentrerai pas de sitôt.

— Si vous le voulez, je resterai avec vous, dit l'étudiant, il ne me semble pas non plus que le sommeil soit près d'appesantir mes yeux.

Ils marchaient alors entre deux haies de tytimale dont les feuilles brunissaient avant de tomber, et dont les baies encore vertes commençaient à prendre une teinte noirâtre, mais ces détails ne se pouvaient apercevoir, car il n'y avait alors d'autre clarté que celle de la lune qui se levait et glissait obliquement ses rayons bleus à travers la haie.

Tous deux s'assirent sur un petit tertre, Hugues sur son manteau, Girl sur la mousse.

—Vous et moi, reprit celui-ci, nous avons ce soir nié l'intervention du Ciel dans nos affaires particulières, mais nos raisons ne sont pas les mêmes : vous, vous niez Dieu parce que vous ne le comprenez pas, moi parce que je ne le puis non plus comprendre ; je le crois au dessus de mon intelligence. Prenez un brin de cette mousse qui étend sous nous son tapis de velours vert ; contemplez-le quelques minutes, voyez-la aussi finie dans ses moindres parties que le chêne qui s'étend sur votre tête, voyez cette goutte d'eau sur cette feuille ; songez que bue par un oiseau demain matin au moment où, au point du jour, il secouera ses ailes, ou absorbée par le soleil après qu'elle aura reflété ses rayons en couleurs changeantes, comme l'opale se réunissant aux nuages gris qui pèsent sur l'air, retombant en pluie ou en vapeur dans la mer, ballottée par les vents, mêlée à l'écume des vagues qui touchent le ciel, au limon que l'orage fait bouillonner, cette goutte d'eau ne peut être perdue ; aucune puissance que nous connaissions ne la peut anéantir ; dans l'univers créé, elle a autant d'importance que l'homme *le plus grand*.

Il y a des choses dans l'univers que les plus

grands génies n'ont pu comprendre, et que pourtant il est impossible de nier. Écoutez Newton, après avoir passé sa vie à chercher les causes des choses, voilà comment il est forcé de résumer sa science : « Les forces centrifuges et centripètes étant égales détruiraient le mouvement céleste; inégales, elles produiraient le chaos: il faut avoir recours à un Dieu. »

Si vous voulez nier Dieu, faites-moi un brin de mousse.

— Alors selon vous, dit l'étudiant, je n'ai plus qu'à aller à la messe écouter les prêtres et marmotter des prières après eux.

— Allez-y, si cela vous amuse, dit Vilhem; mais ne croyez pas que votre encens ni vos prières puissent être agréables à Dieu, et qu'il vous en doive de la reconnaissance; pas plus que vos injures ni vos blasphêmes ne peuvent l'émouvoir, s'il était bien connu qu'en blasphêmant Dieu et en le niant, on ne peut l'irriter, et que par conséquent il n'y a là ni courage ni audace, il y aurait moins d'athées de profession; quand vous n'aurez plus peur des vengeances célestes, vous ne direz plus de mal de Dieu; vous ne cherchez à détruire que les choses que vous redoutez ou qui vous gênent. Comme les enfans qui chantent très-fort la nuit pour faire croire qu'ils n'ont pas peur, vous ne parlez jamais des fées et des ogres, parce que vous n'y croyez pas; si vous vous amusiez à m'affirmer que les ogres n'existent pas, je croirais que vos paroles sont destinées à persuader au moins autant vous que moi. Vos blasphêmes contre Dieu, sont un *credo* dont il pourrait se contenter, s'il pouvait tenir à votre opinion sur lui.

Oui, il y a un Dieu, non un Dieu en tunique rose, en manteau bleu, comme on vous le peint dans les églises, non un Dieu assis sur des nuages, non un Dieu chargé spécialement de réprimer et de punir vos infractions aux lois qu'il a plu aux hommes de faire, et qu'on a ainsi réduit aux proportions d'un commissaire de police;

Mais un Dieu qui vous entoure; dont vous faites partie vous-même, un Dieu qui est tout depuis la pierre cachée dans les entrailles de la terre, jusqu'à ce nuage jaune qui glisse en légère vapeur devant la lune, un Dieu que vous aspirez en humant l'air et les parfums des chênes, un Dieu qui est à la fois l'eau qui roule et le vent qui mugit, et la fleur qui s'ouvre au soleil, et le soleil qui la fait ouvrir, et l'abeille qui se roule dans le calice emmiellé de la fleur.

Ce Dieu, hasard, nature, comme vous voudrez l'appeler, comment voulez-vous l'offenser ? il ne vous a pas laissé la puissance de rien déranger dans l'ordre immuable qu'il a établi : tous réunis ensemble, vous ne pouvez ni faire rester le soleil une minute de plus à l'horizon, ni anéantir une goutte d'eau; vous inventez des désordres, des maladies, et vous ne pouvez diminuer la population du monde.

Regardez autour de vous, et tout vous dit l'indifférence de Dieu pour l'homme; les objets de vos plus grandes terreurs, de vos plus fortes répugnances sont parés de brillantes couleurs. Quoi de plus beau de plus majestueux que ces nuages cuivrés qui recèlent la foudre ! c'est au moment du deuil de la nature, de l'hiver, de la chute des feuilles qu'elles se parent des couleurs les plus éclatantes, que les peupliers deviennent jaunes, les vignes rouges, les chèvrefeuilles bleus. Cette eau croupie dont vous vous détournez, regardez-la de près : elle est couverte d'une végétation gracieusement découpée et du vert de l'émeraude.

Osez quelques instants arrêter vos regards sur un cadavre; oubliez que vous êtes homme et que vous deviendrez cadavre, ou plutôt songez que cet objet de votre horreur, ce que vous appelez la mort, n'est qu'un changement de forme; qu'en cessant d'être homme vous devenez arbre, fleur, oiseau; songez que la mort n'est pas un désordre ni un mal, mais une transition.

Et dites-le : où avez-vous jamais vu de plus riches couleurs que sur le cadavre?

— Maître, dit Hugues, vous êtes pythagoricien.

— Je ne sais, dit Vilhem, je n'ai jamais lu Pythagore, mais ou il a été mal compris ou je ne suis pas de son avis; je ne veux pas dire qu'*un* homme devienne *un* arbre, mais j'entends que le corps d'un homme, qui était formé d'une certaine quantité de matière agglomérée, sous certaines modifications, une fois décomposé, les parties qui le formaient peuvent se joindre à d'autres parties, ou s'agglomérer entre elles sous d'autres modes, de telle sorte qu'une partie du corps de l'homme engraisse la terre, et que ses molécules homogènes deviennent herbe qui nourrit un cheval. Cette herbe, en ce qu'elle a d'homogène au cheval, se transforme en sa propre substance et devient cheval.

Mais il fait froid, et la mousse devient humide; bonsoir.

Que le plus grand tort d'un discours serait
de ne pas finir, s'il n'avait le tort
plus grand d'avoir commencé.

Hugues, en venant chez maître Kreisherer, avait pensé qu'il était temps de s'expliquer et d'avouer son amour à la fille du *clerc*; ses parens le pressaient de retourner à Paris; les prétextes dont il se servait pour prolonger son séjour étaient presque tous épuisés; tout son embarras était de trouver Thérèse seule pendant quelques momens.

Il avait même préparé d'avance les paroles qu'il devait lui adresser Selon son habitude, il avait écrit dans sa mémoire tout un discours de héros de roman, pris à l'époque où ces héros avaient pour noms : Ostorius, Orondate, Spitridate, Alcamène, Artamène, Mélinte, Britomare, Merindor, Artaxandre.

Voici à peu près quel était son discours :

(Si j'étais le lecteur, je passerais ici tranquillement deux pages.)

« Il est un lien, une parenté des cœurs et des esprits, c'est la sympathie; c'est elle qui réunit deux êtres incomplets et....

Je vais faire ce que je conseillais de faire au lecteur, je vais laisser deux pages blanches; chacun les supposera remplies de tous les lieux communs d'amour qui l'ont le plus ennuyé.

« Et..... prononcez si je dois vivre ou mourir. »

Hugues venait de terminer ce chef-d'œuvre, lorsqu'il arriva sur le plateau qui s'étend à la gauche d'Étretat, au lieu appelé la Courtine, près du cap d'Antifer.

C'était un chemin que Hugues avait inventé récemment, et qu'il avait adopté parce qu'il abrégeait la route; on descendait du haut de la falaise, haute et droite à peu près comme seraient quatre maisons de Paris superposées, par un sentier taillé dans le roc; ensuite on suivait le pied de la falaise à droite en marchant sur les pointes de roches tapissées de varechs et d'algues, sombre verdure de l'Océan, jusqu'à l'ogive de la porte d'aval, au dessous de la maison de Vilhem; on passait sous l'ogive et l'on arrivait sur le perré d'Étretat.

Mais ce chemin était soumis à une grave condition : si l'on n'arrivait pas juste au moment où la mer était à son plus bas, on ne pouvait plus passer sous l'ogive, parce que la mer y était revenue et avait trois ou quatre brasses de profondeur sur un fond de roches aiguës.

Une chose remarquable, c'est que l'emphase et l'affectation ne peuvent tenir un moment devant les grandes et simples scènes de la nature; elles semblent un son aigre et discord au milieu d'une touchante harmonie.

Hugues s'arrêta quelques instans et répéta son discours ; il se sentait tellement ému à la seule pensée de se trouver seul avec Thérèse qu'il n'osait se livrer aux chances de l'improvisation. Dans le fond on voyait au loin la mer, sur laquelle couraient de petites lames blanchissantes qui, de l'horizon se succédant de très-près les unes aux autres, venaient rouler sur la plage. En retombant, elles laissaient sur le galet une légère écume blanche que le vent du sud-ouest enlevait en fine pluie et portait au loin jusque sur le visage de Hugues qui sentait sur ses lèvres une saveur salée; les mouettes jouaient dans cette écume et mêlaient leurs cris aigus au bruit sourd du vent et à celui aigre comme un bruit de chaîne du galet entraîné par les lames qui retombaient à la mer.

Le discours de Hugues lui sembla alors complétement ridicule, et il y découvrit, entr'autres inconvéniens, qu'il lui faudrait une demi-heure pour le prononcer, tandis qu'il n'avait pu encore se trouver seul avec Thérèse pendant cinq minutes; il en retrancha l'exorde, puis la péroraison, puis tout, puis il finit par y substituer sagement : « Thérèse, je vous aime, voulez-vous être ma femme. »

Il remarqua que la mer devait être assez descendue et qu'il pourrait passer sous l'ogive.

On était sur la fin du premier quartier de la lune; c'était basse mer vers midi. Quoique, ainsi que je crois l'avoir expliqué, les marées soient moins fortes pendant tout le temps du premier quartier, elles augmentent cependant chaque jour jusqu'à la pleine lune, où l'on a *grande mer*, pour diminuer jusqu'au dernier quartier où l'on a *morte eau*. Elles recommencent ensuite à croître jusqu'à la nouvelle lune, et décroissent jusqu'au premier quartier. Dans la *morte eau*, la mer descend moins bas et monte moins haut; le mouvement de flux et de reflux se fait beaucoup moins sentir: tandis que dans la *grande mer*, elle laisse à sec et recouvre tour à tour, de six heures en six heures, un quart de lieue de roches et de galet. Hugues passa donc sous l'ogive et arriva chez maître Kreisherer.

UAND Thérèse l'aperçut, elle lui fit signe de ne pas élever la voix et de s'asseoir. Le conseil municipal était assemblé dans la pièce adjacente ; on discutait les moyens à employer pour préserver la commune des invasions de l'Océan, et le maire prononçait le discours que lui avait fait Vilhem.

Hugues était au comble de ses vœux : Thérèse était seule et probablement pour long-temps ; rien ne l'empêchait de prononcer de son côté son discours, quelque long qu'il fût ; seulement, lorsqu'il voulut parler, la voix s'arrêta dans sa gorge et faillit l'étrangler.

Pour Thérèse, elle tenait son tricot et paraissait s'en occuper consciencieusement.

Hugues pensa assez sagement en apparence qu'il ne pouvait pas arriver sans transition à une déclaration d'amour ; qu'on ne pouvait pas substituer *Je vous aime* à *Bonjour*, et formuler sa pensée à la manière d'une tuile qui tomberait sur la tête.

En quoi Hugues se trompait ; entre deux amans on converse sans se dire un mot, l'esprit suit la même marche, passe par les mêmes phases et les mêmes pensées : si, au bout d'une heure tous deux ouvraient la bouche et parlaient en même temps, il est à parier qu'ils diraient le même mot.

Ainsi, si Hugues s'était décidé à parler, il n'y eût eu rien de brusque dans sa déclaration; deux amans silencieux sont, ainsi que nous l'avons dit ailleurs, semblables à deux harpes au même diapason et prêtes à confondre leur voix en une divine harmonie.

Hugues s'efforça d'amener une transition, et commença par remarquer agréablement que le vent soufflait avec une certaine violence, et déjà dans sa tête son plan était tout tracé pour arriver graduellement de ce point de départ à sa déclaration.

Voici les jalons qu'il avait plantés et qu'il se mit à suivre à la manière des rhétoriciens.

1° Il fait du vent.

2° Il ferait trente fois plus de vent que je n'en serais pas pour cela moins venu.

3° Il pleuvrait des hallebardes, des oncles et

des créanciers que je me serais néanmoins mis en route.

4° Je ne me suis jamais étonné du courage de Léandre traversant un isthme à la nage pour aller voir Héro.

5° L'amour entoure d'une atmosphère impénétrable qui rend inaccessible à tout mal qui ne vient pas de lui.

6° Vous seule pouvez me donner maintenant de la joie ou du chagrin;

7° *Car* je vous aime.

En agissant ainsi graduellement, l'esprit de l'auditeur n'est pas plus frappé du dernier paragraphe, qu'il ne l'a été du second; il y a la même distance entre les divers pas que l'on fait faire à l'imagination; quand on emplit un vase goutte à goutte, il y a une goutte qui fait déborder le vase, et pourtant ce n'est qu'une goutte de plus. — Au lieu de faire un saut brusque, l'esprit de l'auditeur est doucement entraîné. Au lieu de le faire passer brutalement de l'obscurité à une clarté qui aveugle, on le fait passer doucement par divers crépuscules et degrés de lumière.

Hugues avait déjà touché son premier jalon; il fallait atteindre le second; mais Thérèse, réveillée de la rêverie qui la préoccupait, répondit : C'est pour cela qu'ils sont rassemblés : ils craignent que la mer n'engloutisse la commune.

Cela allait de soi-même.

Aussi Hugues passa à son second jalon.

« Il ferait trente fois plus de vent que je n'en serais pas pour cela moins venu.

Par un instinct naturel, Thérèse comprit ce que voulait dire l'étudiant; elle désirait tant l'entendre qu'elle en devint tremblante et en eut peur; pour l'éluder ou du moins le retarder, elle dit en riant : « Trente fois plus de vent vous eût enlevé comme une plume et vous eût emporté sur les côtes d'Angleterre. »

Le sourire de Thérèse décontenança Hugues qui ne sut pas le comprendre; pour reprendre l'équilibre, il lui fit remarquer que le vent de sud-ouest ne pouvait rien transporter sur les côtes d'Angleterre.

Thérèse s'inclina pour reconnaître la supériorité géologique de l'étudiant. Elle ajouta : Les femmes des pêcheurs sont bien inquiètes; voici le moment du départ pour la pêche du hareng, et leurs maris seront bien exposés. Cette fois le fil était brisé. Le troisième jalon était difficile à atteindre; Hugues se souciait fort peu pour le moment des pêcheurs et de leurs femmes, mais il ne pouvait cependant paraître ne pas s'intéresser aux choses auxquelles s'intéressait la fille du clerc.

Il y eut ensuite un moment de silence.

Thérèse se leva et dit en riant : Je veux savoir ce qu'ils font. Elle s'approcha de la porte, regarda par la serrure et écouta. « Il y a, dit-elle, un grand tumulte; tout le monde parle à la fois.

Hugues reprit son discours et commença par son troisième jalon.

« Il pleuvrait des hallebardes, des oncles et des créanciers, que je me serais néanmoins mis en route.

— Je vois, dit Thérèse, que vous bravez volontiers les dangers impossibles. Et Hugues continua par son quatrième jalon ; car Thérèse y mettait presque de la complaisance et de la complicité.

« Je ne me suis jamais étonné du courage de Léandre traversant un bras de mer à la nage, pour aller voir Héro.

Thérèse ne connaissait ni Héro ni Léandre ; elle regarda l'étudiant avec quelque surprise : mais ses regards, le son de sa voix parlaient d'amour à la jolie fille ; il lui importait peu que l'étudiant dît une chose ou une autre ; elle l'écoutait, non pour ce qu'il disait, mais pour sa voix.

Hugues allait passer sans obstacle à son cinquième jalon, quand un bruit confus se fit entendre : on discourait très-fort au conseil, les voix étaient aigres et presque injurieuses. Thérèse retourna à la porte et écouta.

Voici ce qui se passait au conseil :

Après autant de peine que Hugues pour le sien, M. le maire avait terminé son discours, moins la péroraison qu'il ne pouvait ainsi que lui parvenir à placer.

Tous les membres parlaient ensemble; les pêcheurs et les fermiers formaient deux partis bien distincts. Les pêcheurs voulaient employer les fonds communaux à l'érection d'une digue; les fermiers, à la réparation des chemins; chacun donnait ses raisons sans écouter celles de ses adversaires; les fermiers avaient l'avantage du nombre, les pêcheurs celui des poumons.

Les chemins sont défoncés — le galet est enlevé — nos chevaux périssent, nos cabestans se brisent — il faut des chemins — il faut une digue — des chemins — une digue — des chemins — une digue....

À ce moment, et en même temps chacun de leur côté, le maire et l'étudiant achevaient leurs discours.

« Le devoir d'un magistrat municipal.... disait monsieur le maire.

« L'amour entoure d'une atmosphère impénétrable.... disait l'étudiant.

Quatre coups de trompe firent trembler les vitres : c'est un signal que donnent, en soufflant dans de grosses coquilles roses percées par la pointe, les pêcheurs qui arrivent, pour qu'on vienne leur porter secours et les aider à *virer* leurs bateaux sur le perré au moyen des cabestans et des cables ; mais il n'y avait personne à la mer, et ces coups de trompe annonçaient quelque chose d'extraordinaire. — Tout le monde se précipita dehors. Pour sortir, il fallait passer dans la pièce où étaient la fille du clerc et l'étudiant. En entendant le mouvement que l'on fit pour se précipiter vers la porte et qui allait les séparer, les deux amans se tendirent la main et se la pressèrent—et d'un regard se dirent qu'ils s'aimaient et qu'ils s'aimeraient toujours.

La porte s'ouvrit, et Hugues courut au perré avec les autres.

Thérèse resta toute troublée et honteuse de tout ce que son cœur avait entendu pendant que l'étudiant ne lui disait rien.

Au rivage, tout le monde fut saisi d'effroi ; la mer était tellement gonflée à l'horizon, qu'elle paraissait beaucoup plus haute que la terre et semblait arriver sur elle pour l'engloutir; les lames se succédaient rapidement et couraient jusqu'au delà des bateaux amarrés sur le perré par d'énormes cables et haussières retenus par les cabestans.

Les bateaux étaient à flot ; les cables criaient sous l'effort des lames et des coups de mer; tout le monde se mit à tourner sur les cabestans. L'océan semblait se précipiter tout entier sur Étretat ; à chaque instant une lame venait couvrir les travailleurs et courait jusque dans les rues de la commune.

Des hommes s'étaient précipités dans les bateaux pour jeter de nouveaux cables aux cabestans.

Mais les coups de mer devenaient toujours plus fréquens; plusieurs cables se rompirent avec un horrible bruit. Ceux qui *viraient aux cabestans* furent renversés par la secousse plusieurs grièvement blessés ; les bateaux qui n'étaient plus retenus furent lancés sur les lames comme des coquilles de noix, et disparurent dans l'écume; de grands cris se firent entendre, les femmes se jetèrent à genoux. Vilhem prit un cable et se précipita à travers les lames ; on le perdit de vue; tout le monde retenait son haleine, on n'osait s'entreregarder.

Hugues fut alors saisi d'une des idées que lui avaient suggérées les romans où l'on voit à chaque instant un homme qui n'a jamais touché l'eau, se soutenir sur l'eau par la force de son courage et ramener un noyé, deux noyés, trois noyés, au moyen de son dévoûment et de sa générosité. Hugues, qui ne savait pas nager, se précipita après Vilhem, pour le sauver, il disparut à son tour sous l'écume. Tous les assistans furent frappés de terreur; mais bientôt Vilhem reparut, rapportant Hugues, à moitié évanoui, qu'il avait réussi à saisir. Il le déposa à terre où il ne tarda pas à reprendre ses sens; de telle sorte que ce fut le noyé qui sauva son sauveur.

Vilhem avait rattaché le cable rompu; le bateau était sauvé. Pendant ce temps continuait une scène de désolation : les bateaux pleins d'eau étaient devenus tellement lourds, que vingt hommes sur un cabestan ne réussissaient qu'à faire rompre les cables; ce n'était qu'au péril de leur vie que les pêcheurs pouvaient aller remettre aux bateaux de nouvelles haussières en échange de celles que brisait la mer.

Plusieurs bateaux, enlevés par les vagues et jetés violemment sur le galet, étaient brisés; un fut entièrement anéanti, une lame rompit le cable, l'emmena comme si c'eût été un fétu de paille, et alla le mettre en morceaux sur l'aiguille; d'autres lames en lancèrent les débris sur la grève avec le cadavre d'un jeune pêcheur qui s'était jeté dedans; les femmes et les enfans criaient, pleuraient, priaient, se tordaient; quelques hommes n'étaient pas moins accablés. Hugues, qui avait repris ses sens, suivait Vilhem; Vilhem était partout, donnant des ordres et travaillant. Les rues d'Étretat étaient pleines d'eau. Pour Schutz, il n'avait pas quitté son maître un seul instant. A chaque moment, de grosses lames venaient couvrir les bateaux et les travailleurs; on se cramponnait aux cabestans pour ne pas être emporté; un des cabestans fut rompu.

Cependant les mouettes jouaient en criant de joie dans l'écume des vagues furieuses.

La nuit allait venir; mais, grâce au secours et au sang-froid de Vilhem, presque tous les bateaux étaient tirés jusque dans les rues; le vent ne cessa de mugir toute la nuit; à chaque instant on craignait que la mer ne vînt encore prendre les bateaux où ils étaient.

Les sons de trompe avaient été poussés par Vilhem Girl, il est facile de dire pourquoi.

Girl était pour le moment au plus haut degré de l'opulence; le discours qu'il avait fait pour M. le maire avait rempli son escarcelle; aussi avait-il passé le jour dans son hamac, à fumer, à penser, à rêver; à suivre de l'œil le vol des mouettes et les formes capricieuses des nuages.

Mais ce jour-là l'aspect de la mer avait un intérêt plus qu'ordinaire.

Quelques heures avant le coucher du soleil qui descend à cette époque de l'année, au mois de septembre, derrière l'aiguille, et colore d'une teinte orangée toute la partie d'horizon que l'on voit à travers la grande ogive de la porte d'*aval*, une grande nuée d'un gris sombre voilait les riches reflets de l'horizon ; le soleil, caché par ces tristes vapeurs, laissait tomber par une étroite déchirure du nuage de longs faisceaux de rayons pâles.

La mer paraissait noire et roulait le galet avec un bruit sourd, quoique aucune agitation ne parût à sa surface; par momens des bouffées de vent venaient du sud-ouest.

La nuée noire s'étendait sur la mer en montant et laissait un moment l'horizon découvert; il paraissait alors d'un bleu pâle, légèrement cuivré ; mais d'autres vapeurs noires qui semblaient monter de la mer ne tardaient pas à former de nouvelles nuées qui venaient épaissir celles qui tendaient le ciel comme d'un crêpe funèbre.

Tout était obscur, le ciel et la mer; le bruit intérieur de la mer augmentait, et on voyait des lames blanches courir sur la mer et venir du large à la plage; l'eau bouillonnait autour des roches; les petites vagues jetées contre l'*aiguille* montaient écumantes jusqu'à son sommet et retombaient en pluie fine que le vent emportait au loin.

Vilhem hocha la tête, regarda long-temps l'horizon, sortit de la maison avec son chien et descendit la côte.

Il marcha à son cabestan, doubla le cable qui retenait son canot, et, faisant tourner le cabestan, le hissa jusqu'à la hauteur du cabestan; puis il continua à contempler la mer.

La mer s'élève à l'horizon comme fait le lait sur le feu; de grosses lames se balancent en se gonflant; à chaque balancement la lame est plus forte; elle monte et se dresse, et sa crête en s'amincissant devient d'un vert transparent et se déchire en écume. La crête tombe, toute la lame se déroule et la suit; puis elle glisse sur la mer avec une rapidité que ne peut ralentir son immense volume; arrivée à la plage, elle trouve de la résistance, et se dresse en arrière comme un serpent à une hauteur de vingt ou trente pieds; elle monte toute blanche d'écume avec un horrible et sourd mugissement jusqu'à ce que, affaissée par son propre poids, elle se brise, s'écrase et s'élance en bondissant sur la grève. Les bonds finis, elle court encore à une grande distance.

Cependant une autre lame s'est formée derrière elle; la première revient en roulant les galets, et toutes deux se rencontrent; le choc lance leur écume jusqu'aux nuages, mais la seconde s'élève jusqu'à ce qu'elle retombe par dessus sa rivale, et va à son tour bondir et courir sur la grève.

Les bateaux alors couraient de tels dangers, que Vilhem avait donné l'alarme avec sa trompe.

Au matin suivant, le temps était calme, il ne soufflait pas le moindre vent, et cependant la mer encore émue se balançait tout entière d'une seule lame.

Le perré était couvert de débris et d'algues arrachées aux roches par la tempête.

On réparait les avaries des bateaux endommagés; on rendait les derniers devoirs au jeune pêcheur; les mouettes venaient jusque sur la plage ramasser des poissons morts rejetés par la mer.

A une certaine distance de la mer, dans des parties du terrain un peu enfoncées, les lames en courant avaient laissé un étang fort large et assez profond au milieu duquel s'élevait une grosse roche.

Des enfans tout petits entouraient l'étang; ils avaient fait des bateaux avec des morceaux de planche; des baguettes formaient la mâture, et des feuilles de chou taillées en forme de voiles, complétaient le gréement; ils savaient fort bien disposer leurs voiles pour que les bâtimens traversassent la mare; cependant quelques uns étaient arrêtés par la roche. Alors Schütz, sur l'invitation qui lui en était faite, se mettait à l'eau, allait chercher en nageant le navire échoué et le rapportait à l'armateur qui, en échange de ce service, lui donnait loyalement un morceau de sa tartine.

Schütz était là; Vilhem ne pouvait pas être bien loin.

Il était sur le perré et disait à monsieur le maire : Si je vous avais laissé jusqu'au soir discourir sur les moyens de préserver nos bateaux, il n'y en aurait pas, à l'heure qu'il est, un seul dans Étretat.

ugues retournait chez son père.

En quittant Étretat, rien ne lui paraissait plus simple et plus aisé que de dire à ce père : J'ai trouvé une femme que j'aime et que je veux épouser.

Mais en approchant du Hâvre, une foule d'obstacles se présentèrent à son esprit; son père ne donnerait peut-être pas son consentement; les gens âgés qui d'ordinaire se font des vertus de leurs infirmités ne comprennent guère les idées des jeunes gens. Thérèse n'est pas riche, du moins autant qu'il peut le supposer; car il ne lui est pas une seule fois entré dans l'esprit de s'en informer. Hugues, par son état, est appelé à vivre dans une grande ville; les habitudes de Thérèse, et peut-être son éducation, la fixeront dans une retraite plus modeste.

Il faudra répondre à toutes ces objections.

— Maudits *les préjugés* et leur *joug odieux!* s'écria l'étudiant.

Et, jusqu'à la ferme, il s'occupa des réponses victorieuses qu'il ferait à son père.

Il fallait commencer par un éloge du mariage; mais, dans tout exorde, il faut se concilier préalablement ses auditeurs, ainsi que Cicéron en donne l'exemple dans son discours·· impossible de me rappeler *pour qui;* il y a une demi-heure que je fatigue ma mémoire rebelle; cela reviendra de soi-même.

Il faudrait donc commencer ainsi :

EXORDE.

« Mes chers parens, l'exemple de la douce
» paix, de la sainte affection, qui règnent entre
» vous, devait nécessairement me faire dé-
» sirer, etc.

FAIT.

« J'ai trouvé une femme qui a toutes les
» vertus de ma mère, toute l'innocence d'un
» jeune agneau qui tette encore, etc.

Cette allusion à ses moutons flattera naturellement mon père.

CONFIRMATION.

« Je vous demande donc, chers parens,

» votre consentement à mon bonheur; car
» toutes les conditions se trouvent réunies
» dans le choix, etc.

PÉRORAISON.

» Dites-moi, chers parens, que je n'ai pas
» trop compté sur une bonté et une tendresse
» dont j'ai déjà reçu tant de preuves. »

Tout en s'escrimant ainsi de sa rhétorique, Hugues approchait du terme de son voyage; mais, par une flaiblesse naturelle au cœur humain, ce consentement qu'en partant il ne croyait guère possible qu'on lui refusât, lui semblait à chaque pas plus dificile à obtenir.

Oh! se dit-il, je parlerai à mon père d'un ton respectueux, mais ferme et résolu; je lui ferai remarquer que l'autorité paternelle a ses limites; que, d'abord exorbitante, elle a toujours et successivement été modifiée et restreinte par les législateurs à mesure que l'empire de la raison a prévalu sur les préjugés ennemis du vrai et du juste; les lois de notre pays, par les articles 148, 149, 150, 151, 152, 153, 154 du code civil, titre V, chapitre Ier, ont mis des bornes à cette puissance, et l'ont empêchée de devenir une tyrannie.

Je lui dirai que, si Thérèse n'est pas riche de ce *vil métal* qui ne fait rien pour le bonheur, elle est riche de ses   tus, de sa pureté et de son innocence.

Je lui dirai que ce n'est pas aux parens d'imposer à leurs enfans leur choix et leurs idées pour un engagement, pour un lien qui doit durer aussi long-temps que la vie, et exercer une si heureuse ou une si funeste influence.

Je lui dirai, continua Hugues s'échauffant toujours de plus en plus, que je ne céderai pas à une tyrannie insensée; que je ne fléchirai pas devant un odieux despotisme; que je resterai libre de donner mon cœur comme je l'entends; que je resterai garçon toute ma vie, ou que j'épouserai Thérèse.

Me la refuser, c'est m'arracher la vie, c'est

me condamner à un malheur éternel; je ne serai pas assez mon ennemi à moi-même pour ne pas défendre mon bonheur et ma vie.

Et, dit-il encore, arrivé au dernier degré de l'exaltation, vous rompez le lien d'affection que la nature a mis entre nous; vous n'êtes plus mon père, puisque vous m'arrachez mon espoir et mon bonheur; eh bien, je ne serai plus votre fils, je suis chassé de la maison paternelle, je suis déshérité de la tendresse des auteurs de mes jours, etc., etc.

Hugues, tout en débitant ces lieux communs plus ou moins ridicules, s'était tellement mis en situation, tellement échauffé la tête, qu'en entrant chez son père, il se croyait en relations hostiles, n'embrassa pas ses parens ainsi qu'il en avait l'habitude, et, comme on dînait, se mit à table et mangea sans dire un mot avec la plus désagréable figure qui se puisse imaginer; boudant tout le monde et mangeant à peine.

Après le dîner, comme son père allait verser de l'eau-de-vie de pommes dans son café,

Hugues se leva et demanda à lui parler en particulier. Le père le regarda avec étonnement, la mère resta stupéfaite : tous deux échangèrent un coup d'œil.

Hugues passa dans la chambre voisine; son père le suivit.

— Mon père, dit Hugues, malgré mon respect et mon obéissance pour vous, mon parti est pris; j'ai choisi une femme, elle me convient sous tous les rapports. Je sais tout ce que vous allez me dire, mais tout sera inutile contre une résolution aussi arrêtée, vous feriez mon désespoir en me refusant votre consentement.

— Mais, dit le père.....

— Mais, interrompit le fils, votre refus serait l'arrêt de ma mort; je ne puis vivre sans Thérèse.

— Mais, dit le père.....

—Ah! continua Hugues, je braverai tout pour arriver à mon but.

— Mais, dit le père, tu n'as rien à braver, ta mère et moi n'avons au monde d'autre intérêt que ton bonheur; si la fille que tu veux épouser te convient, épouse-la, elle sera la bien-venue, et nous la recevrons dans nos bras quand tu voudras nous l'amener.

ais, ajouta le père, en reprenant sa place près de l'âtre, que ne nous disais-tu cela naturellement? Femme, dit-il en souriant, il est amoureux et veut se marier.

—Bénie soit la femme qui le rendra heureux! dit la mère.

— Que ne nous contais-tu simplement ton affaire, je n'aurais pas laissé refroidir mon café.

Mais, ajouta-t-il, tu ne penses probablement pas à te marier, sans état, sans une profession bien établie; remarque bien que je ne fais que te donner un conseil : si tu faisais bien, à mon avis, tu dirais à la fille que tu aimes : dans un an, jour pour jour, je viendrai vous chercher et vous conduire à mes parens; d'ici là tu retournerais à Paris, tu travaillerais avec courage et tu reviendrais certain d'offrir à ta femme une existence honorable; à moins que tu ne veuilles rester ici avec elle et te faire laboureur comme moi; mais ce serait vraiment dommage, savant et bien élevé comme tu es.

D'ici à un an tu seras avocat; tu....

Mais Hugues, tout en suivant le discours de son père, tout en profitant de ce qu'il avait de bon et de sage, changeait un peu dans son esprit les conséquences de ces conseils, et il ne sera peut-être pas mauvais de mettre en regard, les avis du père et les résolutions du fils.

D'ici à un an, disait le père, tu seras avocat; tu te seras assuré une petite clientelle; tu brilleras au barreau; avec le temps, tu deviendras riche, tu seras recherché, et ta femme sera heureuse et fière de tes succès.

D'ici à un an, pensait le fils, j'aurai acquis ce qui me manque de savoir et de main pour la peinture; je serai peintre! je vivrai de cette douce vie de l'artiste! de cette indépendance qui fait plus riche que les esclavages les plus enviés. — Nous aurons avec ma Thérèse une vie douce et retirée.

Partis du même point, après avoir parcouru deux routes différentes, le père et le fils arrivèrent aux mêmes résultats.

— Eh bien, dit Hugues, je partirai.

— Dès demain, dit le père.

— Pourquoi demain, objecta le fils?

— Parce que mon voisin et ami Noël Remy va

au Hâvre, et que tu profiteras de sa carriole pour te rendre au Hâvre avec tes effets ; il part à six heures du soir.

Hugues allait faire une réplique, mais il songea que rien ne l'empêchait d'aller le matin à Étretat, et d'être revenu pour l'heure du départ.

—Eh bien, dit-il, je partirai demain.

Toute la nuit il rêva l'avenir, il brûlait d'être à Paris, de travailler, de gagner de l'argent ; il se voyait revenir auprès de Thérèse, puis retourner avec elle à Paris. Il arrangeait en idée son logement, son ménage. Quel bonheur de travailler pour Thérèse ! quel bonheur d'être peintre !

Le matin, Hugues sortit sans bruit; mais, en tirant la porte, il se sentit arrêté, un des pans de sa redingotte était pris dans la porte, et il n'y avait pas de clé en dehors. Son père et sa mère dormaient encore, et il ne voulait pas les réveiller en frappant; il attendit vainement que quelque domestique rentrât par hasard à la ferme; mais, à moins d'accident, personne ne revenait que pour le déjeuner. Il était donc prisonnier de la manière la plus ridicule. Son embarras fut au comble, lorsqu'il entendit ouvrir la porte de l'écurie située de l'autre côté de la maison.

Pourvu que quelque domestique ne s'avise pas d'emmener le bidet; comment irais-je à Étretat ?

Il appela, mais le vent, qui lui apportait distinctement le bruit qui se faisait à l'écurie, empêchait naturellement sa voix d'y parvenir. Il ne tarda pas à entendre le trot d'un cheval qui s'éloignait : il imagina alors d'ôter sa redingotte et de la laisser dans la porte pour poursuivre le domestique, mais il arriva juste à temps pour voir le cheval tourner au grand trot au bout de l'enceinte de pommiers qui traçaient les limites de la *cour*.

Une demi-heure après, la porte, en s'ouvrant, délivra le vêtement passablement endommagé;

il n'y avait plus moyen d'aller à Étretat et d'être revenu pour le départ de maître Noël.

Et d'ailleurs, peut-être l'étudiant n'aurait pas trouvé l'occasion ni la résolution de s'expliquer clairement; une lettre a quelque chose de plus positif et de plus obligatoire.

Il écrivit à maître Kreisherer.

« Monsieur,

« J'aime votre fille et je veux l'épouser. Je
« vais à Paris, travailler et arranger mes affai-
« res de façon à pouvoir lui offrir une exis-
« tence honorable. Le jour de l'Assomption, j'ar-
« riverai à Étretat vous demander sa main.
« Veuillez lui communiquer cette lettre. J'espère
« ne pas rencontrer en vous d'obstacles à des
« projets qui feront mon bonheur, et, j'ose
« l'espérer, celui de votre enfant chérie.
« Recevez les respects et les amitiés de celui
« qui brûle de vous appeler son père.

« Hugues. »

— Hugues, lui dit son père, comme il montait dans la carriole de maître Noël, voici une lettre que tu remettras au Hâvre. Elle est adressée à la propriétaire d'une pièce de terre que je voudrais joindre à notre ferme.

Hugues regarda la suscription :

A Madame

Madame veuve Leloup.

Au Havre.

Puis il la mit dans sa poche.

J'ai retrouvé le nom du client de Cicéron : c'est *Milon* qui, lisant dans l'exil le magnifique discours que la peur l'avait empêché de prononcer, s'écria : Quel bonheur qu'il n'ait pas ainsi parlé, je ne mangerais pas ici de si bon poisson.

Dans l'Atelier.

ugues retrouva son atelier avec le plaisir que doit éprouver une hirondelle qui retrouve au printemps son nid encore maçonné dans un vieux clocher.

Tout l'hiver de noires corneilles se sont emparées du clocher autour duquel elles volaient lourdement en poussant des cris tristes et aigres. Ces cris étaient en harmonie avec le lugubre aspect de la nature; le clocher semblait percer avec peine un air gris et épais.

Mais à l'époque où les premiers rayons du soleil ont fait crever les bourgeons des lilas, le clocher noir se dessine hardi et finement dentelé sur un beau fond d'un bleu pâle; les corneilles ont disparu, et les hirondelles, à leur tour, voltigent légères et capricieuses autour de leur asile inaccessible.

Hugues resta quelques jours enfermé, mettant en ordre et accrochant aux murailles les *études* qu'il avait apportées d'Étretat. Puis il fallait lire une foule de lettres et faire quelques réponses.

HUGUES A EDMOND

« Heureux Edmond, voilà un an bientôt que tu as quitté le *ciel brumeux* de notre France, pour le *beau ciel de l'Italie, cette patrie des arts.* Je t'envie fort quand je songe à toi, moi toujours auprès de cet âtre où tu t'es si souvent chauffé avec moi.

« Que de belles pensées doivent éclore à ce beau soleil! que ces pompes religieuses doivent être sublimes! que ces églises doivent être riches et imposantes!

« Et les femmes, mon ami, ces belles italiennes aux yeux et au cœur de feu, ces femmes passionnées et si entièrement livrées à l'amour! ce sont elles qui doivent réaliser ces rêves dont nous réveillent chaque jour si douloureusement nos coquettes parisiennes. . . . .
. . . .

« Vous êtes tous plus heureux que moi : Roger est en Espagne; il va voir ces brunes Andalouses, ces nobles Castillanes; leurs yeux noirs scintillant sous leurs mantilles; ces lionnes amoureuses, ces sveltes senore; les jalousies, les sérénades et les combats de taureaux avec les intrépides torréadors!

« Émile a quitté tout-à-fait nos climats et visite l'Orient! »

EDMOND A HUGUES.

« Sr tu tiens à tes illusions, brûle ma lettre sans lire une ligne de plus.

» Ici il n'y a pas de verdure dans la campagne ; les églises sont riches et belles, les Italiens ont réussi à les rendre mesquines et grotesques. Ils y ont entassé des dorures et des statues ridiculement vêtues et parées au milieu des chefs-d'œuvre de la peinture et de la sculpture. L'avidité et la vanité en ont fait des musées ; les dieux payens, pourvu qu'ils soient beaux ou dus à un pinceau illustre, y sont reçus à bras ouverts sans qu'on prenne toujours la peine de les baptiser et de leur imposer un nom de saint. Il y a une église où le prêtre dit la messe, ayant devant lui entre deux christs un magnifique groupe représentant les Grâces toutes nues. Pendant ce temps les naturels du pays prient ou causent ; les Français plaisantent, les Anglais mesurent le chœur et les piliers et prennent des notes ; les cicéroni expliquent tout haut les images.

« Tu chercherais en vain ici ce mystique et solennel silence, ce jour crépusculaire, cette impression vraiment touchante et religieuse des églises gothiques de la Normandie, dans lesquelles on retient involontairement sa voix et ses pas.

« Pour les femmes, on en a juste comme à

Paris, comme à Londres, comme partout; l'étranger rencontre des bonnes fortunes à prix fixe. Les intrigues de rues sont une mauvaise plaisanterie; on ne peut parler à une femme de la société sans être présenté et admis dans la société; pour notre compte, depuis un an, malgré nos démarches multipliées, Ernest et moi, nous n'avons à mettre sur la liste de nos conquêtes, que le nom d'une blanchisseuse, et encore est-ce la même pour tous les deux. Dans la société, les femmes se mettent, parlent, comme à Paris, et sont abonnées au journal de la *Mésangère*.

« Le costume si pittoresque en peinture, que nous reproduisons avec tant de plaisir, n'est conservé que par les femmes du peuple, et alors c'est un assemblage fortuit des couleurs les plus ennemies, sans harmonie entre elles, sans harmonie avec l'air des visages et la couleur de la peau; elles ne savent ni faire valoir une beauté, ni dissimuler un défaut.

« Et surtout, mon pauvre ami, ce qui t'effraierait, c'est la saleté des hommes et des femmes; les moines de toutes les couleurs forcent à détourner les yeux ; les lazzaroni feraient honte à nos plus horribles mendians, les rues en sont jonchées. Ils font mettre une fois par jour du macaroni gluant dans leur chapeau ; quand le macaroni est mangé, ils remettent le chapeau sur leur tête.

«Remarque bien que le macaroni est ici très-mauvais à cause du beurre qui est presque toujours fort et détestable.

«Les bains sont ignorés ou ne sont considérés que sous le rapport de la médecine ; un homme qui serait convaincu d'avoir pris deux bains dans le même mois ne pourrait persuader aux gens du peuple qu'il n'est pas atteint de quelque maladie. . . . .
. . . .

« J'ai reçu quelques lettres de Roger; les contes que l'on nous a faits sur l'Espagne, et les rimes redoublées des versificateurs, sont une duperie, comme l'enthousiasme empoulé sur l'Italie.

«Promène-toi, au soleil couchant, sur le pont

des Arts, tourne-toi vers l'île que forme la division des deux bras de la Seine; vois ces nobles tours carrées qui se dessinent sur le ciel riche d'accidens et de teintes variées et harmonieuses; vois ces ponts et ces masses de maisons si bien groupées.

« Ensuite voyage dix ans, et tu reviendras avec plaisir sur le pont des Arts, au soleil couchant. »

. . . .

ÉMILE A HUGUES.

FRAGMENT.

. . . .
. . . .

« Quand nous passions notre temps à désirer; il nous semblait que rien que d'entrer à Stamboul, on devait voir se réaliser les merveilles des *Mille et une Nuits;* que le sol devait changer les bottes qui le foulent en babouches étincelantes de pierreries; que tout châle prenait la finesse et le moelleux des étoffes de Kashmyr, au soleil de l'Orient; que tout cheval dont les pieds se posaient sur le sable du désert, devenait un coursier ardent, impétueux, ami des combats.

« L'imagination rêve surtout ces mystérieux harems où sont cachées, sous la garde de hideux eunuques, tant de belles filles de la Géorgie et de la Circassie; chaque voyageur se laisse accroire que ses charmes et son mérite particulier l'introduiront dans ce ciel; il ne voit plus que sofas et carreaux de soie. Les boissons les plus exquises, les odeurs les plus enivrantes, la musique la plus exaltante, des lits de roses effeuillées, un pavé d'agathe; des colliers de perles énormes, des bracelets d'émeraudes monstrueuses des châles immenses passant par une aiguille.

. . . .

«On trouve :

« La fièvre de toutes les couleurs ; des villes sales, mal bâties, tremblotantes ; des hommes à moitié nus, que portent péniblement des rosses avec des brides de cordes. Pour trésors, de vieilles monnaies rognées d'Allemagne, d'Espagne et de Hollande ; pour festins, du riz et du poivre nageant dans le beurre.

« Des mosquées sans ornemens, parce que la loi défend d'y introduire ni tableaux ni statues, ni or ni argent, mais surtout point de femmes rencontrées aux mosquées, moins encore de voiles tombés par hasard, moins encore d'introductions mystérieuses dans les harems.

« Le *luxe oriental*, chez les Turcs, comme en France, comme partout, n'appartient qu'aux gens riches, et est tout en ostentation ; ces pistolets damasquinés qu'ils portent à la ceinture, sont privés d'un *point de mire* qui assurerait le coup, mais risquerait d'écorcher la soie de cette ceinture ; grâce à cette coquetterie, un Turc manque fréquemment un homme à trois pas. » . .

. . . .
. . . .
. . . .

E tout cela, pensa l'étudiant, il est avéré que les voyageurs sont des hableurs.

Pour les voyages écrits :

Ceux qui voyagent n'ont pas le temps d'écrire; ceux qui écrivent n'ont pas le temps de voyager; il s'en suit nécessairement que la première condition pour écrire des voyages est d'avoir vécu renfermé dans sa chambre, ne se permettant la promenade du Luxembourg, qu'une fois la semaine, et l'excursion à Saint-Cloud une fois l'an.

Pour les voyages racontés :

On part sur les récits des autres; ils ont eu une foule de bonnes fortunes; ils ont senti *leur âme s'élever par la contemplation des merveilles des arts et de la nature* ; ils ont couru d'horribles dangers.

On ne trouve rien de tout cela, mais en revenant, on ne veut pas s'avouer moins brave, moins aventureux, moins enthousiaste, moins beau, moins séduisant qu'un autre, et on enchérit sur les récits, sur les dangers, sur l'admiration, sur les succès des prédécesseurs.

Mais, à dire le vrai, la voiture fatigue, on passe partout sans avoir le temps de rien voir; on ne peut former aucune liaison, ni se livrer à aucune sympathie. J'ai connu un Anglais qui, arrivant fatigué, dans une ville d'Allemagne, dont il devait partir le lendemain matin, et ne voulant pas prendre, sur un sommeil impérieux, le temps d'aller voir une chute d'eau célèbre, se coucha en recommandant à son domestique d'aller admirer pour lui la merveille. Le lendemain, il repartit après avoir inscrit sur le rapport de son esclave :

« *La chute d'eau a au moins cinquante pieds d'élévation.* »

Ensuite on revient chez soi, on trouve ses meubles moisis, ses papiers rongés par les souris.

Puis on se rend, pendant le reste de sa vie, insupportable à ses amis et à ses connaissances par les narrations qu'on leur fait subir.

APHORISME.

On ne voyage pas pour voyager; mais pour avoir voyagé.

Cependant Hugues travaillait sérieusement; quelques tableaux faits sur les esquisses et les ébauches rapportées d'Étretat avaient trouvé des acquéreurs; il avait ouvertement rejeté la toge métaphorique de l'étudiant en droit : il s'avouait peintre.

Il contemplait avec orgueil et bonheur cet argent, premier fruit de ses travaux ; c'était le garant de son indépendance et de son union avec Thérèse.

Thérèse, à laquelle il pensait si souvent, lorsque le jour, commençant à baisser, le forçait d'abandonner ses brosses et sa palette, et qu'il restait étendu sur son divan dans une douce et enivrante nonchalance.

Un soir il reçut une lettre d'un de ses camarades qui, à la suite de quelque tapage à un sermon de missionnaires — ceci pourrait au besoin, servir à quasi préciser la date de notre histoire — avait été arrêté et mis en prison. Le prisonnier était un jeune homme fort exalté en paroles, qui, ainsi que beaucoup d'autres, entre lesquels se trouvaient quelques jeunes gens pleins de cœur et de talent, s'était livré aux idées ou plutôt aux projets d'un certain nombre d'ambitieux *mécontens* qui voulaient arracher alors, comme à présent, comme toujours, les places et l'argent à un certain nombre d'ambitieux *contens* qui ne négligeaient rien pour les conserver.

Il annonçait à Hugues

Que le *despotisme* du pouvoir l'avait jeté sur la *paille humide des cachots* où il *pourrissait* en attendant que le *bon plaisir des tyrans* l'envoyât à l'*échafaud* ou dans l'*exil*.

Hugues qui, comme presque toute la jeunesse de tous les temps et de tous les pays, *se* comptait dans les rangs de l'opposition, fût, à cette nouvelle, frappé d'un sentiment de douleur, de colère et de haine. Il ne pouvait voir son *ami dans les fers* que le lendemain, il ne put dormir de la nuit, et composa un dythirambe dont quelques vers seulement nous sont parvenus.

O liberté ! viens secourir tes fils !
Ils meurent, se tordant sous le genou d'un maître ;
Leurs bras découragés, de fers appesantis,
Sont tendus vers le ciel, déesse, où tu dois être ;
Car tu n'as plus de temple en ce triste pays.....

. . . .

Et notre sang qui crie arrosera la terre
D'où sortiront un jour des hommes, nos vengeurs...

. . . .

Le matin, Hugues avait fait deux cents vers

il s'habilla et alla chercher la permission de voir son ami.

Chemin faisant il prodigua les regards fiers et provoquans à tout ce qu'il rencontra de soldats. Comme, sur le quai, quelques uns regardaient tirer des macarons à la loterie, il ne put s'empêcher de laisser échapper entre ses dents : Vils sicaires, méprisables séides d'un pouvoir odieux.

Il arriva à la prison, un guichetier le conduisit : il fut un peu surpris de voir que le cachot humide était situé au deuxième étage. En approchant, il entendit un grand bruit, causé par une confusion de chants, de rires, de chocs de verres et de bouteilles; il cessa alors de répéter entre ses dents :

O liberté ! **viens secourir tes fils**.....

pour regarder par le trou de la serrure.

Quatre hommes mangeaient et buvaient, leurs yeux étaient pétillans de gaîté. A la forme des bouteilles éparses sur la table, il était facile de reconnaître que le vin de champagne était pour quelque chose dans les élans de cette gaîté; on était même un peu au-delà de la gaîté, car tous parlaient et chantaient à la fois.

Au premier acte, le théâtre représente
un salon richement orné; deux personnes
sont en scène : une jeune femme et un
homme.

> Allons, enfans de la patrie,
> Le jour de gloire est arrivé ;
> Contre nous de la tyrannie
> L'étendard sanglant. . . .
> . . . .
> . . . .
> . . . .

Un soir, comme je rentrais chez moi,
après un excellent souper, je rencontrai,
au détour de ma rue, une femme qui
pleurait. . . . . Je l'abordai. . . . .
. . . .

> Pas de bouquets. . . . . .
> Aucun jardin n'est resté vert.
> L'amour et l'hymen, malins drilles,
> Exprès pour punir les filles,
> Ont mis leur fête l'hiver.

Hugues s'enfuit sans entrer.

Il rentra chez lui stupéfié et resta à rêver.

Il ne manqua pas d'aller au-delà du but réel dans ses réflexions. Il ne connaissait pas la prison.

Il ne savait pas que, fût-elle grande comme la France entière, fût-elle plus belle que le palais d'un roi, elle oppresse la poitrine et étouffe le prisonnier.

… Contre la Liberté.

Voilà ce que chacun entend d'ordinaire par la liberté.

Pouvoir faire ce que l'on veut sans se soucier si cette liberté que l'on prend pour soi n'est pas un obstacle à la liberté des autres.

La liberté de tous ne se compose que de sacrifices faits par la liberté individuelle.

Vous voulez la liberté de faire du tapage la nuit, de casser les vitres, de briser les réverbères.

Mais d'autres réclament la liberté de dormir dans leur lit, d'avoir leurs fenêtres closes et les rues éclairées, en supposant que les reverbères éclairent les rues.

On veut des libertés politiques, on aspire à la liberté de siéger à la chambre, et l'on perd la liberté de passer l'été à la campagne. On conquiert la liberté de se faire emprisonner ou blesser ou tuer pour des intrigans qui dirigent, sans danger, à leur profit, l'enthousiasme de gens qui valent mieux qu'eux.

Je ne dirai pas de mal des libertés politiques, mais avant qu'on s'occupât aussi exclusivement de ces libertés qui sont plus éloignées de nous; il y a une foule de libertés immédiates qu'il serait urgent de conquérir préalablement.

Ainsi tel homme demande pour le pays la liberté de reculer ses frontières, qui néglige d'augmenter son logement d'une chambre qui lui donnerait la liberté de respirer.

Tel homme qui ne sait pas lire et se fait sabrer bravement pour la liberté de la presse néglige de travailler et perd la liberté de manger.

Je demande la liberté de ne plus sentir dans les rues et sous ma propre porte de prétendus parfums que l'on brûle sous le nom de pastilles du sérail.

De ne plus être arrêté par deux ou trois citoyens obèses qui s'érigent en monumens sur les trottoirs, et désobéissent à la condition essentielle du *passant*, qui est de *passer*.

De ne plus rencontrer de vieilles femmes décolletées.

De ne pas voir arriver chez moi des gens qui me *confient* trois cents vers.

. . . .
. . . .

La liberté! bon Dieu! mais qui veut de la liberté? Il y a un joug dont nous ne nous appercevons pas, et dont l'absence nous embarrasserait fort : c'est celui de l'habitude ; où en serions-nous si nous avions la liberté pour une foule de choses que le corps ou l'esprit font d'eux-mêmes, sans aucune délibération préalable.

S'il fallait prendre *une décision* pour mettre ses pantouffles le matin,

Une autre pour l'heure du déjeuner,

Une autre pour la manière de nouer son bonnet, si l'on met un bonnet de nuit.

Mais voyez comme chacun s'impose une foule d'esclavages volontaires : cet homme se renferme de son plein gré dans son jardin où vont bientôt fleurir ses tulipes.

Celui-ci s'impose de faire confire des cornichons tous les ans, à la même époque.

Celui-là ne peut s'empêcher de prendre du café à une certaine heure.

Tel autre se commande de faire des visites à des gens qu'il n'aime pas et qui l'ennuient.

Tel travaille comme un nègre pour nourrir et vêtir, au profit de sa vanité, des nègres qui ne font rien.

. . . .

Chacun de nous est enchaîné par une multitude de fils dont il a attaché lui-même la plus grande partie.

Il semble, de la manière dont on entend la liberté, qu'il n'en puisse y avoir pour tout le monde, et chacun comprend tacitement, dans l'idée de sa propre liberté, l'esclavage de ceux sur lesquels il la conquiert. C'est comme une bascule où l'on ne peut être élevé sans que l'autre soit abaissé.

C'est que la liberté que l'on veut réellement, c'est la liberté d'avoir les honneurs, si tant est qu'il y ait encore des honneurs; la liberté de posséder les places et l'argent.

Entendons un moment la liberté dans le sens

poétique, métaphorique et surtout vague, qu'on lui prête.

Combien y a-t-il de gens qui aient un besoin réel de la liberté.

Pour combien serait-ce autre chose qu'un couteau dans les mains d'un enfant, qui ne s'avise de s'en servir à peler sa pomme que lorsqu'il n'a plus de doigts à couper avec.

Quoi de si tyrannique que la liberté! Brutus tue ses fils en l'honneur de la liberté. Quel despote le lui eût jamais demandé.

Je préfèrerais toujours le joug d'un despotisme quelconque au joug de la liberté.

Le despotisme est considéré par celui même qui l'exerce ou comme un droit, ou comme une puissance acquise par la force et naturellement odieuse :

Comme droit, ainsi que tout droit, il a des limites hors desquelles il cesserait d'être. Comme puissance odieuse, il y a une goutte qu'il ne faut mettre dans la coupe, sous peine de la faire déborder.

Mais pour la liberté, quoi qu'elle fasse, elle passe toujours pour une vertu; il n'y a rien de si effréné qu'une vertu; elle prend ses plus funestes ou grotesques excès pour un progrès.

Combien de dupes livrent leur vie à des frippons qui n'ont de pouvoir sur eux que par certaines paroles magiques.

Paroles qui, semblables aux corps matériels, sont plus sonores à proportion qu'elles sont plus creuses.

O douce liberté! je t'invoque à mon tour, et je fais des vœux que je te prie d'exaucer.

Donne-moi une petite maison au bord de la mer, juste de quoi me loger, avec mon chien, et une chambre qui attendrait toujours un ami— qui ne viendrait peut-être jamais.

Donne-moi la force de rester riche par l'absence des désirs; libre par l'absence des besoins.

Il ne me faudrait plus que le spectacle de la mer, les magnificences du ciel et du soleil, le silence des bois, la méditation, le souvenir, la

paresse. . . . .
. . . .

O liberté, ne me donne rien de tout cela.

Divinités qui pouvez donner, ne donnez rien à l'homme de ce qu'il demande; n'ayez pas la cruauté d'accomplir ses vœux.

« Le bonheur est quelque chose qui fuit devant nous et qui ne se manifeste que par la poussière que font lever ses pieds. »

Que demandais-je donc tout-à-l'heure, moi qui mourrais d'ennui et de chagrin, s'il me fallait renoncer à passer presque chaque jour dans une certaine rue de Paris, triste et fangeuse, où est caché tout ce que j'espère de bonheur.

Hugues, après avoir relu le matin des vers dans lesquels le poète annonçait qu'il ne céderait pas aux agaceries de la fortune, qu'il ne donnerait pas pour les trésors de Plutus sa chère liberté, alla le soir au bal.

Une fois arrivé au réel de la vie, on découvre que c'est une chose assez insignifiante qu'une très-jeune fille; que l'amour qu'elle ressent n'est qu'un instinct secret pour le sexe, et que le hasard seul vous en a rendu l'objet, sans choix, sans discernement.

Mais ce qu'on ne me contestera pas, c'est qu'à aucune autre époque de leur vie, les femmes ne sont aussi propres à inspirer des idées d'amour d'imagination et de poésie exaltée — peut-être à cause même de cette insignifiance dont nous avons parlé. — Les choses finies en général n'émeuvent pas l'imagination — comme certains oiseaux, elle meurt aussitôt en cage. Tout ce qui tend à la circonscrire lui est funeste.—Ainsi reproduisez sur la toile le paysage qui vous aura le plus séduit; peignez non seulement les objets, mais leur âme; non seulement la forêt, mais son silence et le parfum des chênes; le ruisseau et son murmure qui le trahit sous l'herbe; le soleil et sa douce et pénétrante chaleur — quelque heureuses qu'aient été vos inspirations, quelque vraie que s'en présente la traduction, vous pouvez tout détruire en y ajoutant un coup de pinceau ; mettez un personnage quelconque dans le tableau, vous avez effacé tout le vague du paysage qui faisait rêver— Un des grands charmes de la campagne et de la nuit, c'est la solitude; c'est la certitude de n'avoir à partager avec personne les sensations que l'on reçoit—c'est de pouvoir mêler ses propres souvenirs, ses regrets, ses espérances, aux imposantes harmonies de la nature —c'est de faire en imagination délier certains cheveux à cette fraîche brise; c'est d'attribuer le parfum qu'elle vous apporte à celui si connu de nous, qu'elle a pris en s'y jouant—Cette mousse, il ne faut pas qu'elle garde même sur son velours vert la trace d'un pas; car cette empreinte pourrait ne pas s'adapter exactement à certains petits pieds.

La très-jeune fille est une glace dans laquelle se réfléchissent toutes les impressions ; elle semble faite d'une nuée, tant elle est frêle, tant ses formes sont encore indécises et peu arrêtées ; l'imagination peut alors se donner carrière et nous la faire voir précisément telle que nous la voulons ; il semble qu'appelé au conseil de

Dieu, nous assistons à la création de la femme, et que nous avons quelque droit de faire écouter notre droit.

Nos désirs pour la jeune fille ont un vague qui leur ajoute un charme indicible ; nous faisons un tout délicieux de ce qui nous plaît en elle; ses cheveux noirs et ses rubans d'un rose si frais, semblent également faire partie d'elle; sa robe blanche est pour beaucoup dans l'amour qu'elle nous inspire.—Cette robe blanche dont notre imagination ne la sépare jamais, car, à nos yeux, son corps est de gaze blanche, et ses pieds de satin blanc.

Je repousse depuis cinq minutes une comparaison qui paraîtra bizarre ou grotesque, parce que la vérité en repose sur un goût peut-être exceptionnel, mais je sais quelqu'un qui partage ce goût avec moi, et c'est pour ce quelqu'un que je fais ma comparaison. Tu sais le plaisir que donne la vue d'une grande quantité de papier blanc, que de belles choses on y voit! toutes ces rêveries sans mots pour les peindre semblent s'y reproduire d'elles-mêmes avec leurs suaves et splendides couleurs.

Eh bien, il y a dans la jeune fille tout le charme que nous trouvons dans le papier blanc.

A cette indécision dans ses formes, il semble qu'à l'heure où les vapeurs de la nuit, après s'être parées pour nos songes de formes et de couleurs diverses, remontent au ciel former les nuages qui vont refléter les rayons roses de l'aube; un de ces rêves tombé de la robe étoilée de la nuit, s'est condensé à l'air frais du matin.

Rêvons à la vue des jeunes filles, mais désirons-les assez long-temps pour ne les obtenir que lorsqu'elles auront acquis tout ce que leur prête notre imagination : du cœur, des formes et des sens.

Qu'elles sont heureuses au bal, toutes ces jolies filles! que de force d'âme et de corps elles emploient à la danse! toute leur vie est là — Cette âme qui se divisera plus tard entre tant d'amour, entre tant de douleurs; ce corps qui s'épuisera à veiller près d'un enfant malade : tout ce qui sera suffisant plus tard pour tous les devoirs, toutes les vertus, tous les bonheurs, toutes les souffrances, tout cela est consacré à la danse.

Aussi comme elles sont légères, comme elles glissent effleurant à peine le parquet que leurs petits pieds ne semblent toucher de temps en temps que pour marquer la mesure!

Ces fleurs, ces gazes, ces rubans, ces yeux baissés, d'où la joie et le bonheur s'échappent, cette musique! tout cela se confond, forme un tout délicieux, enivrant.

Voilà la femme, ne la laissons pas se mêler à la prose de notre vie; ne la laissons pas souiller ses pieds dans la fange de nos rues, ce serait faire comme ces magiciens peu sorciers qui, pour obéir à certaines sympathies mystiques, enchâssent les émeraudes dans du fer — enchâssons les émeraudes dans l'or.

Et pensons que les pieds des femmes doivent ne se poser que sur les tapis moelleux de l'Orient, ou sur les tapis de mousse et de violettes des bois; que leurs mains inactives doivent rester effilées et blanches, que les femmes doivent vivre entourées de fleurs et de parfums, auxquels se mêlent leurs douces haleines.

Leurs affaires doivent être des bals; le rs

jours doivent être des fêtes; leurs joies, l'amour, leurs peines, l'amour.

C'est ce que pensa l'étudiant; c'est ce qui le fit rentrer à son quatorzième étage, le cœur navré et découragé.

Il se représentait Thérèse obligée, par l'exiguité de leur fortune, de s'occuper des soins du ménage; ses mains perdant leur éclat et leur douceur; il la voyait à pied dans une rue, et au milieu de la foule, exposée à la fange des rues et aux regards des passans.

Oh! se dit-il, je n'épouserai pas Thérèse; il faut enchâsser l'émeraude dans l'or.

L'oncle d'Amérique.

Mon cher neveu,

« Tu avais à peine trois ans quand j'ai quitté
» l'Europe; aussi n'est-ce pas par suite du sou-
» venir que j'ai gardé de toi, que je t'écris de
» préférence à tout autre de nos parens; je ne

» sais si tu es blond ou brun; brave ou mau-
» vais garçon; mais je suis parti brouillé avec
» ton père; et, comme après vingt ans passés
» loin de mon pays, de mes parens et de mes
» amis, je prends le parti de venir finir près
» de vous une vie trop agitée, j'ai cru devoir
» m'adresser à toi pour que tu prépares ton père
» et ta mère, ma sœur, à mon retour imprévu.
» Ces vingt années se sont passées pour moi
» dans les travaux et les préoccupations du
» commerce et des affaires d'argent; il est
» temps de me reposer et de ne plus user ma
» vie à la poursuite de ce vil métal que l'on ap-
» pelle l'or. Nous ne nous séparerons plus; je
» t'écris du Hâvre où j'arrive par un paque-
» bot qui m'apporte d'Amérique; dans quel-
» ques jours, je serai auprès de toi, je te dirai
» par quel hasard j'ai appris ton séjour et ton
» adresse à Paris.

» Ton oncle,

» Jean Leclerq. »

Hugues fut pris d'un grand saisissement à la lecture de cette lettre ; il la relut dix fois de suite, s'arrêtant sur chaque mot et le commentant.

Allons, dit-il, voici une bonne chance qui se présente, voici venir un oncle à héritage, un oncle d'Amérique. Parti depuis vingt ans, il doit avoir une immense fortune, ainsi qu'il le laisse entrevoir en parlant des occupations qui ont rempli ces vingt années.

Je ne puis décemment le recevoir dans mon atelier.

Il peut arriver d'un moment à l'autre.

Heureusement que j'ai de l'argent.

Un domestique vint troubler ces méditations. — Madame la comtesse de *** présente ses civilités à Monsieur, et le prévient qu'elle pourra lui donner séance aujourd'hui.

— Présentez mes très-humbles respects à madame la comtesse de ***, mais un oncle m'arrive aujourd'hui d'Amérique : il faut qu'elle ait l'extrême bonté de vouloir bien m'assigner un autre jour.

Quelques camarades entrent en fumant : — Viens déjeuner.

— Non.

— Pourquoi?

— Parce que.

— Je te suppose une autre raison.

— Il me vient un oncle d'Amérique, et il faut que je me prépare à le recevoir.

— Un oncle d'Amérique!

— D'Amérique.

— Cela change tout.

— Je vous le disais bien.

— Cela change tout jusqu'à un certain point; c'est-à-dire, que c'est toi qui paieras le déjeuner; partons.

— Non, il faut que je lui trouve un logement.

— Eh bien! nous le chercherons tous ensemble après déjeuner.

— Garçons! des huîtres, et du vin de Sauterne, première qualité.

—Un oncle d'Amérique! alors adieu aux pinceaux et à la palette; adieu à l'atelier et aux beaux-arts.

— Nullement; d'abord, mon oncle n'est pas forcé de m'enrichir, surtout de son vivant, et d'ailleurs c'est par goût, par passion, par entraînement, par vocation, je l'espère, que je me suis fait peintre.

— Garçon, il n'y a plus de vin.

— Hugues, te voilà riche, tu vas méconnaître tes amis.

— Moi, vous me connaissez mal, notre amitié m'est aussi chère que la peinture, mes amis mes bons amis; j'aurai toujours mon atelier seulement les cigares seront de meilleure qualité, et nous fumerons du tabac du Levant dans des pipes d'ambre.

— Garçon, du vin !

— Garçon, que les mets les plus savoureux paraissent.

— Messieurs, que faut-il vous commander ?

— Ne m'entends-tu pas ; je te dis de couvrir cette table des mets les plus exquis.

— Nous avons en poisson du turbot, des soles.

— Apporte tout ce que tu trouveras de mieux, et ne nous laisse plus manquer de vin.

— Il n'est pas de plus touchant spectacle que celui de l'amitié qui ne se retire pas devant l'infortune.

— Que dirons-nous de celle qui subsiste devant la fortune !

— Buvons à l'indépendance de l'Amérique !

— Buvons à cette noble terre qui recèle l'or dans son sein.

— Buvons aux parens qui amassent l'argent que nous dépenserons.

— Buvons à mon respectable oncle Jean

— Buvons à l'oncle Jean.

— Garçon, emportez ces bouteilles, ce vin est grossier : versez-nous du Cécube et du Falerne.

— Et du vieux, mis en bouteille le jour où Mécène fut salué par le peuple au théâtre.

— *Puer*, couronnez nos coupes.

— Garçon, ce Cécube n'arrive pas?

— Monsieur, il n'y a pas de Cécube.

— Et du Falerne?

— Pas davantage.

— Messieurs, je déclare ce restaurant une horrible gargotte.

— Garçon, avertis ton maître que mon oncle d'Amérique ne prendra pas ici un seul repas.

— Un oncle qui a passé vingt ans en Amérique.

— Il faudrait être bien paresseux pour n'y pas gagner cinq cent mille francs par an.

— Garçon, tu es sûr de n'avoir ni Cécube ni Falerne; alors donne du vin de Champagne.

— Du Champagne frappé.

— Que servirai-je encore à ces messieurs?

— Quelque chose de très-cher.

— Sers-nous promptement et nous te prodiguerons l'or.

— Quel dessert prendrons-nous?

. . . . Dulcia poma,
Castaneæ molles et pressi copia lactis.

— Des pommes, des marrons et du fromage de Brie, comme s'il en pleuvait.

— Tu altères le texte : *castaneæ molles*, ce sont des châtaignes bouillies.

— Garçon, des cure-dents.

— A qui crois-tu avoir affaire, garçon? Tu ne sais pas probablement que notre oncle arrive d'Amérique, avec deux millions de revenu, garde tes cure-dents de plume pour des agens de change. Donne-nous des cure-dents de topaze.

— Garçon, la carte.

La carte se monte à près de cent francs : il faut réunir toutes les bourses.

— Fais mettre cela sur le compte de ton oncle.

On paie, on sort les yeux brillans et incertains, le teint animé ; on va chercher des logemens.

— Madame, c'est à vous qu'est ce logement?

— Oui, Monsieur.

— Vous le louez garni ?

— Oui, Monsieur.

— Combien par mois?

— Cent francs.

— C'est pour mon oncle d'Amérique, je ne marchande pas, mais vous ôterez ces gravures représentant des lapons et des rennes; il y a de quoi faire mourir de froid un oncle qui a passé vingt ans en Amérique.

— Quand arrive monsieur votre oncle?

— Demain, après demain, dans huit jours peut-être? mais je loue votre appartement dès aujourd'hui; vous allez faire allumer un très-grand feu, que l'on entretiendra jour et nuit jusqu'à l'arrivée de mon oncle.

— Mais, Monsieur, s'il ne vient que dans huit jours.

— Je suppose, Madame, que vous n'avez pas la prétention de connaître mieux que moi mon oncle d'Amérique; mon oncle est extrêmement frileux, cela ne vous fait rien : on vous paiera.

— Est-ce que tu ne fais pas bassiner le lit de ton oncle?

— Certainement.

— Il faut le faire bassiner avec du sucre.

— Mais, Madame, je vous recommanderai une chose à ce sujet, ayez bien soin que ce soit bien du sucre de cannes, et non du sucre de betterave; cela serait on ne peut plus désagréable à mon oncle; nous payons généreusement, mais nous voulons être bien servis.

Je vous recommande aussi de le nourrir convenablement, donnez-lui des ananas.

— Dis donc, Hugues, pourvu que ton oncle n'arrive pas habillé en sauvage, vêtu d'un tablier et d'un chapeau de plumes.

— Ou d'une peau de lion, avec une massue.

— J'espère que non, et d'ailleurs on lui trouverait tout de suite des habits.

— Parbleu, un millionnaire! . . . . .

—Qu'est-ce que tu dis donc? un millionnaire!

. . . .

Le lendemain matin, Hugues se réveilla extrêmement fatigué des excès du déjeuner, mais il ne tarda pas à faire descendre des idées agréables dans sa tête appesantie; il pensa cette fois avec ravissement à Thérèse : les ridicules rêves

de la veille étaient détruits; mais il restait l'espoir d'une situation plus heureuse pour Thérèse et surtout un avenir sans inquiétudes; il pourrait, sans cesser de travailler, entourer Thérèse, d'une partie du luxe dans lequel il voulait voir les femmes. . . . .
. . . .

On frappa à la porte.

— Entrez.

Un homme se présenta.....

Il pouvait avoir cinquante-quatre ans.

Il n'avait pas moins de cinq pieds et demi de haut, mais il était si maigre que ses coudes, ses épaules, ses genoux, paraissaient pointus et près de percer ses vêtemens; sa figure avait bien deux profils; mais la réunion de ces deux profils ne formait rien qui ressemblât à une face; par moment il se tenait un peu courbé, mais sitôt qu'il pouvait s'en apercevoir, il se relevait brusquement comme un homme habitué à regarder sa haute taille comme un avantage, et bien décidé à n'en pas perdre une ligne.

Il était vêtu d'une vieille redingotte polonaise verte à collet droit et à brandebourgs; le collet était en astracan pelé, son pantalon de couleur chamois était un peu court, ses bottes étaient parfaitement cirées, mais les talons en étaient usés de travers.

Il avait en outre une cravate blanche et un col de chemise qui, sans être sale, n'était pas cependant aussi blanc que la cravate, soit que la chemise fût antérieure d'une demi-journée, soit que l'étoffe en fût plus grossière.

Il n'avait pas de gants, il tenait d'une main un chapeau chauve et une canne de bambou.

— M. Hugues?

— C'est moi.

— Je viens de la part de votre oncle Jean.

— De mon oncle Jean, Monsieur; donnez-vous donc la peine de vous asseoir; daignez excuser si je vous reçois au lit, mais je vais me lever.

— Monsieur, je ne le souffrirai pas, nous causerons aussi bien ainsi : monsieur votre oncle est arrivé, il m'a chargé de vous en prévenir; pensez-vous que vous le reconnaîtrez? il me *marque* qu'il est un peu changé.

— J'étais trop jeune quand il est parti pour pouvoir le reconnaître aujourd'hui; mais j'ai toujours entendu parler de lui dans ma famille avec une grande tendresse; et tout petit on me faisait le soir prier pour lui.

Il n'y avait pas là un mot de vrai; l'oncle Jean était un assez mauvais sujet dont le départ avait comblé de joie son beau-frère et même sa propre sœur; mais vis-à-vis de cet étranger, probablement ami de son oncle, l'étudiant crut devoir altérer un peu les faits.

— C'est singulier, dit l'étranger, je croyais votre oncle un peu fâché avec son beau-frère.

La vérité est que le beau-frère l'avait mis à la

porte ; mais l'étranger paraissait ignorer cette circonstance, et je ne puis affirmer que Hugues l'eût jamais sue.

— Il est possible, dit Hugues, qu'il y ait eu entre eux quelque refroidissement comme il arrive dans les familles même les plus unies; mais je sais qu'ils étaient fort inquiets de mon excellent oncle, et, chaque fois qu'il ventait un peu fort à la mer, chaque fois que l'on apprenait quelque sinistre, on disait toujours : Pourvu qu'il n'arrive pas de malheur à Jean.

— Oh ! Monsieur, pourquoi votre oncle ne peut-il encore vous entendre, il serait si heureux de n'avoir rien perdu de l'affection de sa famille; je suis son plus ancien ami et je peux être garant de son cœur.

Les rideaux étaient fermés, mais les yeux s'habituaient graduellement à l'obscurité, et l'étudiant qui dans l'étranger n'avait pu voir d'abord que quelque chose de grand et mince, commençait à discerner la pauvreté mal dissimulée de son costume.

Hélas! pensa-t-il, voilà un pauvre diable auquel l'arrivée de mon oncle ne sera pas moins utile qu'à moi. Pourvu que sa tendresse soit plus réelle que la mienne; mais je ne serai pas ingrat; il n'y aura rien de si facile que d'aimer un homme qui aura assuré mon bonheur et celui de Thérèse.

— Et, quand vient mon bon oncle, ajouta-t-il tout haut?

— Ton oncle, s'écria l'étranger, il est devant toi, je ne puis imposer plus long-temps silence à mon cœur, embrassons-nous.

Et l'oncle se mit à étreindre vigoureusement son neveu.

Hugues était stupide d'étonnement ; l'extérieur de son oncle n'annonçait pas la richesse, il lui sembla que cet embrassement le ruinait; il ne put manifester son étonnement, *mêlé de joie*, que par quelques exclamations incohérentes.

— Mon neveu, dit l'oncle Jean, nous avons

beaucoup à causer, fais-moi donner à déjeuner.

— Volontiers, je vais m'habiller.

— Tu le vois, mon bon ami, dit l'oncle Jean pendant que Hugues s'habillait, la fortune ne m'a pas plus souri dans un monde que dans l'autre, et je reviens au moins aussi gueux que j'étais parti.

— Ah! pensa Hugues, tout mon bel avenir s'écroule, et les mains de Thérèse me semblent déjà toutes rudes — ou plutôt je n'épouserai pas Thérèse.

Il descendit, fit mettre deux couverts dans sa chambre et commanda le déjeuner.

— Mon oncle, dit-il, je vais vous traiter sans cérémonie, vous allez partager le modeste déjeuner de l'artiste.

Le garçon du restaurant était monté; Hugues demanda deux beefsteaks, du fromage de Brie et de la salade; il sortit d'une armoire une bouteille de vin déjà entamée.

L'oncle Jean mourait de faim : en attendant es beefsteaks, il trempait du pain dans de l'eau rougie.

— Il faudra, que tu me donnes asile pour quelques jours, jusqu'à ce que j'aille rejoindre ma sœur, ma bonne sœur, ta mère.

J'étais bien ivre hier, pensa l'étudiant, pour retenir une chambre de cent francs par mois; heureusement qu'il y a au dessous d'ici une petite mansarde que l'on me prêtera.

Les beefsteaks arrivèrent; l'oncle en mangea un et la moitié de l'autre.

— Je viens du Hâvre et je n'ai pas osé aller chez ma sœur dans la crainte d'être mal reçu, mais, tu me rassures; tu me prêteras dix francs que je redois sur ma place au conducteur de la diligence et pour lesquels il a gardé ma malle.

Hugues cependant mangeait à peine, absorbé par ses réflexions.

Tout à coup, comme le garçon entrait pour servir le fromage de Brie, il frappa du poing sur la table comme un homme éclairé d'une idée subite.

—Garçon! montez deux perdrix truffées, des choux de Bruxelles, une salade de volaille et du vin de Champagne.

Le garçon resta ébahi, l'oncle Jean serra la main de son neveu.

Après le déjeuner, Hugues mena son oncle dans le logement qu'il avait retenu pour lui, et le recommanda aux soins de l'hôtesse; il alla lui-même chercher la malle à la diligence, fit venir un marchand d'habits tout faits, et habiller l'oncle Jean convenablement.

—Oh! mon cher oncle, disait le soir Hugues en remontant ses nombreux étages : vous avez cru me tromper; le piége était bien tendu, et j'ai, à dire le vrai, failli y donner tête baissée, sans le monstrueux diamant de cette épingle que vous avez maladroitement laissé voir en déboutonnant votre redingotte, j'étais pris.

Comme s'il n'était pas naturel qu'un homme qui revient millionnaire, veuille s'assurer des objets de sa splendide affection. Vous avez voulu m'éprouver, cher oncle Jean, vous êtes battu avec vos propres armes.

Maintenant que j'ai la clé de tout cela, je vois une foule de choses qui vous trahissent.

Votre émotion de joie en voyant l'appartement que je vous destinais, tandis qu'un homme ruiné eût refusé de l'accepter; et puis cette affectation dans la pauvreté de votre costume, et surtout une chose qui aurait dû m'éclairer au premier moment. On ne revient pas des pays chauds avec une polonaise. Ah! mon oncle Jean, l'invention de la polonaise ne vous fait pas honneur. La polonaise! c'est trop fort. La polonaise vous trahit.

Hugues continuait à se faire une position passable dans son métier, les marchands lui achetaient volontiers ses tableaux; il peignit, pour une exposition publique, une vue de la baie d'Étretat.

C'est cette vue que mon excellent ami Ferret a bien voulu peindre pour moi, et qui a été gravée d'après son tableau, pour *illustrer* le présent ouvrage, de quoi je le remercie du meilleur de mon cœur.

Hugues peignit avec amour ces lieux où il avait laissé tant de souvenirs. Son tableau eut un grand succès.

Ce n'était pas un talent achevé; mais on voyait que le peintre sentait vivement, qu'il aimait et comprenait cette grande poésie de la nature; il avait bien rendu l'immensité et la puissance de la mer, la majesté de ces falaises blanches, qui s'élèvent comme de gigantesques cathédrales gothiques, et que couronnent et dorent les fleurs jaunes des ajoncs.

Il avait surtout reproduit et fait comprendre cette influence physique et morale qui élargit la poitrine et élève la pensée; toute cette grandeur qui semble la réalisation d'un rêve; tout en proportion avec l'immensité de l'Océan, le galet, ces pierres arrondies qui sont le sable de

la mer; des oiseaux dont l'instinct et le vol capricieux rappellent les hirondelles de nos rivières, et qui de l'extrémité d'une aile à l'extrémité de l'autre ont la hauteur d'un homme. . .
. . . .
Une médaille d'or lui fut décernée; on s'occupa de lui pendant ce qui compose un siècle à Paris, c'est-à-dire un peu moins d'une semaine, on l'attira dans quelques salons où jusque-là il avait été toléré; on commença à s'apercevoir qu'il était jeune, bien fait, noble, naturellement distingué; qu'il avait dans l'esprit une indépendance et une originalité qui n'excluaient pas la grâce.

Là, il voyait les femmes les plus séduisantes, le luxe qui les entourait produisait une charmante harmonie, il se confirmait dans l'idée que la richesse est nécessaire aux femmes, autant que l'air et un doux soleil aux fleurs; il pensait à Thérèse, et se consolait un peu en songeant à son oncle, qui conservait toute l'importance et l'infaillibilité d'un homme riche, sans que cependant cette richesse se trahît autrement que par le degré de crédulité et de révérence qu'il semblait se croire le droit d'exiger de ses auditeurs.

Du reste à mesure que Hugues gagnait de l'argent, il payait ses dettes, il divisait chaque mois une petite somme entre ses créanciers.

Cependant, il ne trouvait pas dans les arts tout ce que son imagination lui avait promis; l'indépendance de l'artiste lui semblait surtout une chimère.

L'opinion, ce tyran capricieux et sans discernement, qui sans cesse exige de l'artiste plus que ce qu'il vient de faire, ou autre chose que ce qu'il sait faire; qui semblable à cette voix mystérieuse qui poursuivait Haasverus, lui crie sans cesse : Marche! marche!

Les exigences des gens qui paient, et qui dans leurs échanges d'argent contre des travaux d'art, pensent toujours que celui qui dans l'échange de deux valeurs réputées égales, reçoit l'argent, doit de la reconnaissance à celui qui reçoit le tableau ou le livre.

Les grands ouvrages donnent l'immortalité ; mais ce sont les petits qui donnent du pain, sans lequel la vie finirait, et l'immortalité commencerait trop tôt.

Avant qu'il se fût trouvé des peintres qui pussent assez compter sur la fécondité de leur imagination et la facilité de leur crayon, pour faire par an trois cents tableaux réduits sur un carré de bois grand comme la main; avant que les Johannot eussent *inventé la vignette*, le peintre ne vivait que de portraits, comme l'écrivain d'articles de journaux, qui résument et prodiguent un livre chaque jour en soixante lignes; comme le musicien de leçons de musique qui abrutissent le maître et rendent l'élève quelque chose qu'on appelle de notre temps *dilettante*.

Hugues faisait des portraits.

Voici ce qui arrive à un peintre qui fait un portrait, sauf les nuances qu'apportent nécessairement la position sociale et l'éducation du modèle.

— Monsieur, suis-je bien ainsi.

— Madame, je ne saurais trop vous recommander de prendre une pose naturelle.

— Mais, Monsieur, je ne crois pas me maniérer.

— Ce n'est pas ce que je veux dire, Madame; je veux simplement vous engager à prendre la pose qui vous est la plus habituelle; je ne puis peindre que ce que je vois; et il faut avant tout que la personne que l'on peint tâche de se ressembler à elle-même.

La femme considère cette observation comme non avenue; elle garde une pose prétentieuse et maniérée, elle lève les yeux au ciel, ou les ferme languissamment; elle serre les lèvres pour se rapetisser la bouche; elle est naturellement enjouée, elle prend un air majestueux.

Le peintre fait son esquisse.

— Dites-moi, Monsieur, ne serais-je pas mieux ainsi.

— Je ne pense pas.

— Cependant, je crois que cela fera mieux.

Elle prend une pose toute différente de la première, sans être cependant pour cela moins affectée.

Le peintre efface son esquisse ; comme il va en commencer une autre :

— Décidément vous aviez raison, la première pose valait mieux.

Et le malheureux artiste recommence ce qu'il a effacé.

— Je vous recommanderai la couleur de mes yeux : j'ai la faiblesse d'y tenir. Cela est excusable quand on a si peu de choses de bien.

— Madame est trop modeste ; car, au contraire….

Pendant ce temps, elle a encore changé de position.

— Voudriez-vous avoir la bonté, Madame,

de reprendre la position où vous étiez tout-à-l'heure.

— C'est qu'elle me gêne un peu.

— Alors, Madame, prenez-en une que vous puissiez garder, car il me faut recommencer mon ouvrage chaque fois que vous remuez.

— Alors, je vais reprendre celle de tout à l'heure. Suis-je bien comme cela ?

— Très-bien, si vous y restez.

— Bérénice !

Entre la femme de chambre, laquelle est aussi la cuisinière.

—Bérénice, apportez-moi mon écrin.

Ecrin est un mot qui n'est pas d'un usage habituel entre la maîtresse et la domestique, et dont on ne se sert que pour le peintre et pour lui donner une brillante idée de sa distinction.

— Comment dit Madame ?

— Ma boîte à bijoux, imbécile.

Bérénice apporte une boîte.

— Dites-moi, Monsieur, quel collier et quels pendans d'oreilles me conseillez-vous de mettre?

— Ceux qui vous plairont le mieux, Madame.

— Mais il me semble qu'un peintre doit avoir là-dessus des idées?

— J'aimerais assez le corail.

— Cependant, ce sont ordinairement les femmes brunes qui affectionnent le corail, et si j'ai quelque chose de passable, c'est la blancheur de la peau.

— Je n'en ai jamais vu une plus belle.

— Je vais mettre des diamans.

— Mettez des diamans.

— Bérénice!

— Madame?

— Avez-vous pensé à prévenir le coiffeur pour ce soir?

— Non, Madame.

— A quoi sert-il alors que je vous parle? allez-y tout de suite.

Ah! Monsieur, on est bien malheureux d'avoir des domestiques; je me surprends quelquefois à envier la position d'un artiste; au moins vous êtes indépendans, vous faites vos affaires vous-mêmes.

— Hélas! Madame, je suis forcé de vous ôter cette illusion; je ne suis pas assez heureux pour cirer mes bottes moi-même — mais je vous supplierai de tourner la tête un peu plus à droite, comme vous étiez tout à l'heure.

— Mon Dieu, Monsieur, je ne sais pourquoi on n'a jamais pu me faire ressemblante; j'ai deux portraits de moi, ce sont deux horreurs. Sur le dernier, j'ai une bouche qui n'en finit pas; je vous recommanderai la bouche; ce n'est pas que j'y tienne; quand on a une grande fille de six ans....

(La fille en a neuf).

— Quand on a une grande fille de six ans, il faut renoncer à toutes les prétentions; mais mon mari aime beaucoup ma bouche, et il serait désolé de la voir trop grande sur le portrait.

— Je vous la ferai aussi petite que vous voudrez, Madame.

— Surtout, Monsieur, je ne veux pas être flattée; je ne suis pas comme ces femmes qui exigent qu'on donne à leurs portraits tous les charmes qui leur manquent.—Je fais demander le coiffeur pour une soirée, un bal où je vais ce soir; je n'aime guère le monde; mais on ne peut se dérober aux exigences et aux devoirs de la société. Et puis mon mari veut que je sorte un peu de la solitude qui me plaît infiniment. Je ne sais comment m'habiller ce soir, car il ne faut pas faire peur.

— Certainement, Madame.....

— Pensez-vous que je ferai bien de mettre du bleu?

— Le bleu doit vous aller à ravir.

— Cependant, toutes réflexions faites, je mettrai une robe de crêpe rose.—Remarquez, s'il vous plaît, que j'ai le nez assez délicat; c'est même tout ce que j'ai de remarquable dans la figure.

— Ah! Madame.

— Permettez que je voie.

— Il n'y a presque rien de fait.

— C'est égal, c'est très-joli, très-joli; mais pourquoi ai-je ainsi le cou noir et bleu?

— Ce sont des ombres indiquées.

— Mais c'est que je passe au contraire pour avoir le cou très-blanc; je vous avouerai même que c'est ma prétention.

— Je vois mieux que personne, Madame, que vous avez le cou d'une blancheur éblouissante, mais j'ai eu l'honneur de vous dire que ce sont des ombres que j'indique, d'ailleurs cela ne restera pas ainsi.

— A la bonne heure.

— Voulez-vous, Madame, vous remettre en place?

— Très-volontiers, suis-je bien ainsi?

— Vous êtes charmante de toutes manières, Madame; mais si vous préférez maintenant cette pose, il va falloir que j'efface tout pour recommencer.—La tête un peu à droite—baissez les yeux un peu plus.

— Est-ce que je n'avais pas les yeux au ciel?

— Non, Madame.

— C'est singulier; c'est que c'est un mouvement qui m'est très-familier.

— Il est alors facile de changer le mouvement des yeux.

Entre un monsieur; ce monsieur est un courtier marron que la dame décore du titre d'agent de change.

— Tenez, Monsieur T***, mon mari veut que je me fasse peindre encore une fois.

— On ne saurait trop reproduire un aussi charmant visage.

— Voyons, T***, vous savez que j'ai horreur des complimens; trouvez-vous que je sois ressemblante?

— Certainement la peinture de Monsieur est fort-bien, je dirai plus... elle est,... elle est.... fort bien; mais vous êtes plus jolie que cela.

Le peintre se retourne avec l'intention de faire observer au connaisseur que le portrait n'est qu'ébauché; mais il s'arrête et sa pensée se dessine sur ses lèvres en un sourire ironique, le connaisseur continue :

— Il y a, ou plutôt il n'y a pas... un je ne sais quoi, enfin, Monsieur, je voudrais voir ici dans les yeux plus de... vous comprenez; et aussi quelque chose dans le front.

— Et, dit la femme, ne trouvez-vous pas aussi que le cou est un peu noir?

— J'ai eu l'honneur, dit le peintre un peu impatienté, de dire à Madame, que si je ne marque pas d'ombres, elle aura la figure plate comme une silhouette; avec un peu plus d'attention, Madame appercevrait ces ombres sur la nature.

— Ah! pour cela, dit le connaisseur, Monsieur a raison, ce sont les ombres — on ne peut chicaner les peintres là dessus; c'est une imperfection; mais ils ne peuvent faire autrement. L'art a ses limites; les madones de Raphaël ont peut-être un peu moins d'ombres que le portrait que fait Monsieur, mais elles en ont cependant.

Le peintre pour cette fois se lève et annonce qu'il reviendra le lendemain. Le lendemain on le fait attendre une heure, puis on ne veut plus mettre de diamant, et la coiffure a été changée.....

Toujours préoccupée des ombres de son cou, la *dame* a clandestinement enlevé et jeté ce que le peintre avait mis de bleu sur la palette.....

ais que cherchez-vous donc, mon cher oncle ?

— Rien, une épingle que je mets d'ordinaire à ma chemise.

— Comment rien ! votre gros diamant ?

— Mon gros morceau de verre ; un superbe diamant qui m'a coûté cinquante centimes.

— Ce n'est pas possible.

— Comment pas possible, veux-tu gager un déjeuner. Le voici dans les cendres.

On appelle un orfèvre, le diamant est en cristal et la monture en cuivre.

Hugues paie le déjeuner.

Huit jours après, l'oncle était commis dans une maison ds banque; il gagnait 1,800 francs par an, et se trouvait le plus heureux des mortels.

C'était du reste un fort brave homme qui abusait beaucoup du droit de narration que croient avoir les voyageurs; il n'avait réellement rapporté du Nouveau-Monde que des histoires et des fables, et il en usait avec une prodigalité qui faisait regretter qu'il n'eût pas rapporté autre chose.

Hugues se vit alors forcé de renoncer formellement à ses espérances; cependant l'Assomption approchait, et c'était le jour de l'Assomption qu'il avait promis d'être auprès de Thérèse. Quoiqu'il eût pris la décision de ne se marier que lorsqu'il serait riche, il voulait néanmoins la voir et lui donner les raisons du retard qu'il mettait à leur union, il se hâta de finir quelques portraits et d'arranger ses autres affaires.

Un marchand de tableaux qui lui devait de l'argent, le paya en une lettre de change à neuf mois de date, personne ne voulut l'escompter, et Hugues fut forcé de garder en porte-feuilles cette valeur prétendue.

Deux jours après il était au Hâvre; il arriva dans la nuit et coucha à l'auberge; le lendemain était le jour de l'Assomption; pour ne pas manquer à sa promesse, il résolut de n'aller chez son père qu'après sa visite chez le clerc.

Il partit donc de grand matin pour Étretat, le cœur serré, en songeant qu'il allait revoir Thérèse, et perdant peu à peu de vue les excellentes raisons qu'il avait trouvées de ne pas l'épouser.

Voyons cependant ce qui se passe à Étretat.

La nature a revêtu ses habits de fête; la mer est bleue, à peine ridée par un faible vent de nord-est; les côtes sont couvertes d'ajoncs, dont les fleurs nombreuses sont un heureux présage pour la pêche du maquereau. Dans les parties où il n'y a pas d'ajoncs, l'herbe rase est glacée d'un reflet lilas produit par les *têtards* en fleurs.

Tout le monde s'est rendu de bonne heure à l'église.

Dans la maison du clerc, trois personnes ont eu, dès la veille au soir, une même pensée sans se la communiquer: c'est le jour de l'Assomption que Hugues doit arriver. Thérèse n'en a pas douté un seul instant, et elle presse les heures trop lentes; elle songe à sa parure du lendemain. Tout le monde la trouve embellie. Comme elle sera heureuse de lire cette remarque dans les regards de son amant.

Maître Kreisherer pense que Hugues arrivera le jour de l'Assomption ou tout autre jour, et il caresse dans sa tête les motifs de la musique qu'il veut faire pour la messe de mariage; il y intercalera l'hymne à la Vierge:

O Yung frau, dü Himmelskönigin.

C'est le premier air que Hugues et Thérèse ont chanté ensemble, et c'est la composition la plus savante du maître de musique.

Vilhem pense qu'il eût mieux valu que Hugues ne fût jamais entré dans la maison.

M. le maire est dans son banc avec M. Bernard qui cherche, à force d'humilité, à se faire pardonner cet excès d'honneur.

Le prêtre monte en chaire; mais ses paroissiens ne donnent pas à ses paroles l'attention accoutumée. Ils sont distraits. Ceux qui sont voisins échangent quelques paroles à voix basse; les autres se montrent par signes un notable changement survenu dans l'église.

Non qu'on eût encore imaginé de faire badigeonner en jaune les arceaux et les faisceaux de colonnes auxquelles le temps a donné une froide et solennelle teinte grise.

Ce n'est que de notre temps que cette idée

est pour la première fois tombée dans la cervelle d'un jeune pasteur.

Le changement qui causait de telles distractions aux habitans d'Étretat, d'ordinaire si recueillis, était moins important aux yeux d'un artiste, mais d'un tout autre intérêt pour les superstitieux habitans des côtes.

Accoutumés aux dangers de la mer, à ces dangers contre lesquels souvent la force et la prudence humaines ne peuvent rien, il leur faut avoir recours à une protection céleste; l'homme qui se sent impuissant a besoin de prier, de croire à une puissance supérieure : faute d'un dieu, il adresserait ses vœux à une pierre.

Il y avait, dans l'église d'Étretat, à gauche de l'autel, une statue de saint Sauveur, placée de telle sorte, qu'un homme, dans la même situation, verrait parfaitement la porte d'ammont et les bâtimens qui la rasent pour entrer dans la baie; c'était, pour les marins, un grand sujet de confiance, que de se savoir ainsi sous les yeux de leur saint favori; et c'était devant lui que les femmes faisaient le plus volontiers brûler de petites chandelles.

Mais il y avait deux raisons puissantes pour que le curé ne partageât pas l'enthousiasme de ses ouailles pour saint Sauveur. D'abord, le culte de saint Sauveur est une hérésie, une idolâtrie même; car saint Sauveur n'a place dans aucune légende; c'est par abus que du *Christ-Sauveur*, on a fait saint Sauveur; que l'on a incarné un attribut du fils de Dieu au point d'en faire un Dieu.

L'autre grief du curé contre le malheureux saint Sauveur n'exerçait pas une moindre influence sur son esprit : la statue de saint Sauveur était un simple morceau de bois grossièrement taillé, plus grossièrement peint, et qui tenait beaucoup plus de la bûche que du dieu.

Aussi, M. le curé, qui était fort jaloux de la bonne façon de son église, avait condamné saint Sauveur au feu, en sa qualité d'idole et de faux dieu, et avait à la fois débarrassé sa conscience d'une hérésie qu'il tolérait depuis trop long-temps, et d'un aspect qui ne cadrait pas avec le beau style de l'église.

Ce fut donc au milieu de l'inattention la plus marquée que M. le curé prononça un discours relatif à la résurrection de Lazare et du fils de Dieu. Il établit lucidement que le Lazare est un mythe et une figure; que le linceul qui l'enveloppe est l'image des liens qui retiennent le pêcheur; que la pierre du sépulcre peint à merveille l'endurcissement du cœur dudit pêcheur, etc. De là, il demanda à ses paroissiens ce qui, à leur sens, avait été le plus douloureux au fils de Dieu dans sa passion. Est-ce l'insulte et l'outrage? Est-ce la flagellation ou le couronnement d'épines? etc. Nullement, ajouta-t-il, c'est de se voir dépouillé de ses vêtemens et nu devant tout le monde. Le curé en tira la conséquence que les filles devaient soigneusement fermer les fichus violets qui cachent leurs cous.

Peut-être paraîtra-t-il bizarre qu'un prêtre ne profite pas des avantages que lui donnent, pour intéresser et pour émouvoir, le pays où il se trouve, et les gens auxquels il parle ; ce pays où le vent est la voix de la mort ; ces gens qui sentent tellement le besoin de l'intervention divine dans leurs affaires, que, par les plus affreuses tempêtes, ils arrêtent la manœuvre pour se mettre à genoux et prier la Vierge, et qu'ils ne se découragent pas, si, à travers les nuées, paraît un point bleu : c'est une fenêtre par où peuvent monter leurs prières, et par laquelle Dieu les regarde.

Mais les jeunes prêtres de talent sont retenus dans les villes où les cures sont plus riches, et les marins sont si bien accoutumés à ne pas comprendre un mot de ce qu'on leur dit en chaire, qu'ils ne jugent de la bonté d'un sermon que par sa longueur. Ainsi, personne n'aurait été blessé du sermon pour lui-même, si ce n'est Vilhem Girl qui, du reste, en prenait facilement son parti.

Maître Kreisberer pensait à son hymne nuptiale.

Et Thérèse priait Dieu pour le retour de Hugues.

M. le maire traduisait à M. Bernard les citations latines du sermon; et M. Bernard était ravi et stupide d'admiration du savoir de M. le maire : lequel cependant ne savait guère que le latin d'officine, ainsi que le curé ne savait que celui de l'église. De sorte qu'en réunissant leur science et leurs lumières, ils n'auraient pu lutter, sans un désavantage marqué, avec un écolier de sixième.

Le curé s'était facilement aperçu de la distraction générale, et il en avait compris la cause; aussi attaqua-t-il de front saint Sauveur et son culte; mais son éloquence ne produisit aucun effet, et lorsqu'on sortit de l'église pour aller en procession bénir la mer, selon l'usage au jour de l'Assomption, tout le monde murmurait, et les marins annonçaient tout haut qu'ils n'iraient pas à la mer tant que saint Sauveur ne serait pas remis en place, parce que, privés de son regard protecteur, ils n'étaient pas sûrs de rentrer dans la baie.

M. le maire ne se prononçait pas encore, et M. Bernard était d'avance de l'avis que M. le maire adopterait ultérieurement.

Néanmoins, on descendit vers la mer.

Vilhem seul se dirigea vers la maison du curé.

WERDET, LIBRAIRE-ÉDITEUR,
49, Rue de Seine-Saint-Germain, à Paris.

NOUVELLES PUBLICATIONS.

OEUVRES
DE
M. DE BALZAC.

EN VENTE :

	Prix.
LE LIVRE MYSTIQUE SÉRAPHITA (extrait des ÉTUDES PHILOSOPHIQUES), contenant : LES PROSCRITS — HISTOIRE INTELLECTUELLE DE LOUIS LAMBERT. — 2 beaux vol. in-8° (DEUXIÈME ÉDITION).	15 f. c.
SÉRAPHITA (extrait du Livre mystique). 1 beau vol. in-8°.	7 50
LE MÉDECIN DE CAMPAGNE (3ᵉ édition, revue et corrigée). 2 vol. in-8°.	15 »
LE PERE GORIOT (3ᵉ édit., revue et corrigée). 2 vol. in-8°.	15 »
LES CHOUANS, ou LA BRETAGNE en 1799 (3ᵉ édition, revue, corrigée et entièrement refondue.) 2 vol. in-8°.	15 »
LES CENT CONTES DROLATIQUES, COLLIGEZ ES ABBAIES DE TOURAINE, et mis en lumière par le sieur DE BALZAC : 1ᵉʳ et 2ᵐᵉ dizains. 2 beaux vol. in-8°.	20 »
Le 2ᵐᵉ volume se vend séparément.	12 »
LA PHYSIOLOGIE DU MARIAGE (2ᵉ édit.). 2 vol. in-8°.	15 »
ÉTUDES DES MOEURS AUX XIXᵉ SIECLE. 12 vol. in-8°, divisés en trois séries intitulées : SCÈNES DE LA VIE PRIVÉE — SCÈNES DE LA VIE DE PROVINCE — SCÈNES DE LA VIE PARISIENNE. Prix de chaque volume :	7 50

POUR PARAITRE CETTE ANNÉE.

HISTOIRE DE LA GRANDEUR ET DE LA DÉCADENCE DE CESAR BIROTTEAU, marchand parfumeur, chevalier de la légion d'honneur, adjoint au maire du deuxième arrondissement de la ville de Paris. 2 vol. in-8°.	15 »
LES VENDÉENS, ou TABLEAU DES GUERRES CIVILES AU XIXᵉ SIECLE. 2 vol. in-8°.	15 »

OEUVRES
DE
M. DE BALZAC.

ÉDITIONS IN-DOUZE.

	Prix.
LA PEAU DE CHAGRIN (4e *édition revue et corrigée*). — Adieu. — L'Elixir de longue vie. — El verdugo. — UN DRAME AU BORD DE LA MER (*inédit*). 5 vol. in-12 Prix :	15 fr. »
MELMOTH RÉCONCILIÉ. — Jesus-Christ en Flandre. —L'Ecluse.—Histoire intellectuelle de Louis Lambert (3e *édition*). — ECCE HOMO (*inédit*). — Seraphita (3e *édition*). 5 vol. in-12. Prix :	15 »
LE LIVRE DES DOULEURS (*inédit*). — Maitre Cornelius (3e *édition*). — L'Auberge rouge. — L'Enfant maudit, — Les Proscrits. 5 vol. in-12. Prix :	15 »
Ces quinze volumes font partie des Études philosophiques qui formeront trente volumes.	
LE PERE GORIOT (4e *édition*). 4 vol. in-12.	12 »
LE MEDECIN DE CAMPAGNE (4e *édition*). 4 vol. in-12.	12 »

NOUVELLES PUBLICATIONS.

LA DUCHESSE DE PRESLES, par J.-A. David. 2 vol. in-8º.	15 »
LA FEMME PRODIGUE, par Mme Louise Lemercier. 1 vol. in-8º.	7 50
LE CLOITRE AU XIXe SIECLE, par Mme A. Daminois. 1 vol. in 8º.	7 50

POUR PARAITRE LE 10 FEVRIER PROCHAIN. LE

CHEMIN LE PLUS COURT

PAR ALPHONSE KARR.

2 vol. in-8, ornés de vignettes. Prix : 15 fr.

Pour paraître le 5 mars.

LE CHARTREUX,

PAR MAURICE ALHOY. 2 vol. in-8. Prix : 15 fr.

Pour paraître en avril.

MENSONGES,

PAR MICHEL RAYMOND.

2 volumes in-8. — Prix : 15 francs.

RABAIS IMMENSE

SUR LES COMPLÉMENTS (LIVRAISONS 74 A 95)

DES

OEUVRES DE VOLTAIRE;

ÉDITION IMPRIMÉE EN 94 VOLUMES IN-8°, CHEZ JULES DIDOT AÎNÉ,

Et publiée par MM. DELANGLE frères, DALIBON et BAUDOUIN frères,

ÉDITION DELANGLE ET DALIBON, SUR PAPIER CAVALIER VÉLIN. Livraisons 74 à 95, ou tomes 65, 64, 76 à 95, 22 volumes. Au lieu de 110 fr. réduits à	71 f. 50	
Tables analytiques des matières, 2 volumes in-8°. Au lieu de 20 fr.	12	»
Total pour le complément d'un exemp. sur cavalier.	83	50

Chaque demande, accompagnée d'un mandat payable à Paris sur une maison connue, devra m'être adressée franco de port. — L'on n'est pas forcé de retirer les tables. — Chaque volume séparé se vendra, sur cavalier, 5 fr.; sur carré, 3 fr. — J'accorderai une remise convenable à MM. les Libraires.

OEUVRES DE VOLTAIRE, édition Delangle, 97 vol. in-8°, cavalier, 250 fr., rendu franco de port et d'emballage pour la France. Les mêmes, sur jésus vélin, tiré à 20 exemplaires seulement, au lieu de 2400, réduits à 1200 fr., y compris les tables.

ÉDITION BAUDOUIN frères, SUR CARRÉ FIN DES VOSGES. — Livraisons 74 à 95, ou tomes 65, 64, 76 à 95, 22 volumes. Au lieu de 50 fr., réduits à	49 f.	50
Tables analytiques des matières, 2 vol. in-8°. Au lieu de 12 fr.	8	»
Total pour le complément d'un exemp. sur carré.	57	50

LIBRAIRIE DE WERDET,
49, rue de Seine.

DE BALZAC.

LE MÉDECIN DE CAMPAGNE, troisième édition. 2 vol. in-8°,   prix : 15 fr. »

Le LIVRE MYSTIQUE, deuxième édition. 2 vol. in-8°,   15 fr. »

SÉRAPHITA (EXTRAIT DES ETUDES PHILOSOPHIQUE.) 1 vol. in-8°,   7 fr. 50

CONTES DROLATIQUES. 2 vol. in-8°,   20 fr. »

NOUVEAUX CONTES PHILOSOPHIQUES, 1 vol. in-8°,   7 fr. 50

LES CHOUANS, ou la Bretagne en 1799, deuxième édition. 2 vol. in-8°,   15 fr. »

LE PÈRE GORIOT, troisième édition. 2 vol. in-8°, 15 fr. »

— Éditions in-12. —

LA PEAU DE CHAGRIN, quatrième édition. — ADIEU. — L'ÉLIXIR DE LONGUE VIE. — EL VERDUGO. — UN DRAME AU BORD DE LA MER. — 5 vol. in-12,   15 fr. »

MELMOTH RECONCILIÉ. — SÉRAPHITA. — ECCE HOMO (inédit). — L'ENFANT MAUDIT. 5 vol. in-12,   15 fr. »

MAITRE CORNELIUS. — LES PROSCRITS. — LE LIVRE DES DOULEURS (inédit) — 5 vol. in-12,   15 fr. »

LE PÈRE GORIOT, quatrième édition. 4 vol. in-12,   12 fr. »

LE MÉDECIN DE CAMPAGNE, quatrième édition. 4 vol. in-12,   12 fr. »

Paris. — Imprimerie de P. BAUDOUIN, rue Mignon, 9.

www.ingramcontent.com/pod-product-compliance
Lightning Source LLC
Chambersburg PA
CBHW060331170426
43202CB00014B/2739